Virginie Bichet

Chroniques de Virginie B

Virginie Bichet

Chroniques de Virginie B
Digital mother et Blogueuse c'est possible

Bloggingbooks

Impressum / Mentions légales
Bibliografische Information der Deutschen Nationalbibliothek: Die Deutsche Nationalbibliothek verzeichnet diese Publikation in der Deutschen Nationalbibliografie; detaillierte bibliografische Daten sind im Internet über http://dnb.d-nb.de abrufbar.
Alle in diesem Buch genannten Marken und Produktnamen unterliegen warenzeichen-, marken- oder patentrechtlichem Schutz bzw. sind Warenzeichen oder eingetragene Warenzeichen der jeweiligen Inhaber. Die Wiedergabe von Marken, Produktnamen, Gebrauchsnamen, Handelsnamen, Warenbezeichnungen u.s.w. in diesem Werk berechtigt auch ohne besondere Kennzeichnung nicht zu der Annahme, dass solche Namen im Sinne der Warenzeichen- und Markenschutzgesetzgebung als frei zu betrachten wären und daher von jedermann benutzt werden dürften.

Information bibliographique publiée par la Deutsche Nationalbibliothek: La Deutsche Nationalbibliothek inscrit cette publication à la Deutsche Nationalbibliografie; des données bibliographiques détaillées sont disponibles sur internet à l'adresse http://dnb.d-nb.de.
Toutes marques et noms de produits mentionnés dans ce livre demeurent sous la protection des marques, des marques déposées et des brevets, et sont des marques ou des marques déposées de leurs détenteurs respectifs. L'utilisation des marques, noms de produits, noms communs, noms commerciaux, descriptions de produits, etc, même sans qu'ils soient mentionnés de façon particulière dans ce livre ne signifie en aucune façon que ces noms peuvent être utilisés sans restriction à l'égard de la législation pour la protection des marques et des marques déposées et pourraient donc être utilisés par quiconque.

Coverbild / Photo de couverture: www.ingimage.com

Verlag / Editeur:
Bloggingbooks
ist ein Imprint der / est une marque déposée de
OmniScriptum GmbH & Co. KG
Heinrich-Böcking-Str. 6-8, 66121 Saarbrücken, Deutschland / Germany
Email: info@bloggingbooks.de

Herstellung: siehe letzte Seite /
Impression: voir la dernière page
ISBN: 978-3-8417-7251-0

Copyright / Droit d'auteur © 2013 OmniScriptum GmbH & Co. KG
Alle Rechte vorbehalten. / Tous droits réservés. Saarbrücken 2013

Sélection d'articles Virginie B Daily

Janvier 13 :

1- Profiter de son congé parental pour se reconvertir
2- Pas de résolution, de nombreux projets
3- Fille unique VS frère & sœur, ça change quoi
4- Pourquoi je partage un billet
5- Le regard des autres a changé
6- Le guide de la paix digitale
7- Sur ce chemin qu'est la vie

Février 13 :

1- Soigne ton personal branding
2- Le profil lol de la blogueuse
3- Liberté si chère
4- La recette du blog réussie, la mienne
5- Parler à mon père
6- Fait ce qu'il te plait
7- Tout dire à ses enfants et comment le dire
8- On vivait comment avant les réseaux sociaux

Mars 13 :

1- Ne pas céder à la facilité
2- C'est si facile de leur dire oui
3- 2 mois que je travaille ça change quoi

4- La mort des blogs, t'es fou
5- Est-ce bien raisonnable ?
6- Qui influence qui ?
7- 5 ans déjà, la route est belle
8- Où chercher l'inspiration
9- Pourquoi je ne serai jamais une blogueuse blasée ?

Avril 13 :

1- Non je ne regrette rien
2- Je suis maman de trois enfants et je travaille
3- Rester humain face au 2.0
4- Les blogs VS la vraie vie
5- Et la tendresse bordel
6- 40 ans c'est la vie
7- Quel est le secret des couples qui durent (et qui s'aiment) ?
8- Dois-je rire ou pleurer ?

Mai 13 :

1- Quel adulte tu deviendras mon enfant ?
2- Si mes parents n'avaient pas divorcé
3- 10 excuses pour passer du temps sur mon blog
4- Comme si je pouvais encore te surprendre
5- Où il y a des contraintes, il n'y a pas de plaisir
6- Rester jeune c'est dans la tête
7- Mes bonnes adresses hôtels/hébergements
8- Le verre à moitié plein

Juin 13 :

1-Ma vie de blogueuse en Provence

2- Ce que je sais à 41 ans

3- Est ce que les enfants parfaits existent

4- Les 50 comptes twitter à suivre, ma sélection

5- Complicité mère-fille

6- j'ai survécu à une soirée sans smartphone

7- C'est pour ça que j'écris

8- Tu sais que tu es du sud quand

9- C'est évident mais pas pour tout le monde

Juillet 13 :

1-Faire une valise les doigts dans le nez

2-La liste de mes envies

3- L'école est finie mais maman travaille

4- Ma philosophie c'est un peu ça

5- Je suis une maman animale

6- Pourquoi faut-il à tout prix être heureux ?

7- Digital mother tellement moi

8- Tous connecté ? Pas vraiment

9- Quelques conseils pour survivre avec 35°

Août 13 :

1-Il est venu le temps des vacances

2- Si on se rencontrait à nouveau

3- Transformer l'amour de vacances en amour tout court

4- Voyager avec des kids / des idées et de la patience

Septembre 13 :

1-Je suis utopique certes

2- Vis ma vie et organise-toi

3- Il était une fois, Rosa

4- Je ne me reconnais plus en rat des villes

5- La mode c'est une affaire de goût

6- Jules, Rosalie, Violette

7- La confiance en soi

8- Je ne suis pas parfaite

9- C'était mieux avant

10- Attendre ce truc insupportable

11- Comment on fait pour aimer son boulot ?

12- Quadra décomplexée

Octobre 13 :

1- 10 choses qui ont changé depuis que je bosse

2- 10 plaisirs quotidiens du blogueurs

3- Je souris, je ride et bien tant pis

4- La dyslexie n'est pas la plus forte

5- Front national, hamburger, chômage, c'est ça la France ?

Novembre 13 :

1-Etre digital woman et conserver l'usage de la parole

2- Si un jour on m'avait dit

3- Je ne suis pas normale

Articles de Janvier

1- Profiter de son congé parental pour se reconvertir

Un jour j'ai décidé d'arrêter... je n'en pouvais plus de bosser, j'avais besoin de recul... j'avais terriblement envie de passer mon temps à les regarder... profiter du temps qui passe, avoir du temps pour eux, pour moi aussi, vivre autre chose que le travail...

J'avais envie de bloguer, de continuer cette aventure qui naissait... sans savoir au début où j'allais vraiment...
Pourtant très vite, je me suis dit...et si mon avenir professionnel était là, si je devais passer par là pour aller vers autre chose...
On n'arrêtait pas de me dire, si tu dois faire quelque chose, fais le vite, n'attends pas trop, ça passe très vite un congé parental !

Alors j'ai écrit, écrit et encore écrit... la communication clignait partout... je savais déjà que les blogs seraient un nouvel outil marketing, c'était au tout début... quand on voulait organiser un jeu, un défi on achetait le lot à faire gagner... Et puis il y a eu les premiers partenariats, les premiers billets sponso, les premières opérations, les prémices de ce qu'aujourd'hui nous connaissons par cœur...

J'ai eu à cœur de traiter tous ces contacts comme je bossais auparavant, ne jamais rien négliger, anticiper et bientôt conseiller... après tout, quelques années et plusieurs centaines de billets, je maîtrisais la technique, la stratégie... désormais je savais ce que je voulais... mettre au profit d'une collectivité ce savoir-là !

Je me souviens que quelques unes d'entre vous m'encouragez dans ce sens...
J'ai orienté ce blog aussi en fonction de cet avenir que je dessinais progressivement !... et

j'ai apprivoisais le nouveau titre "blogueuse" !
2012 a sonné, ... et là je me suis dit, il faut accélérer... il y a eu tellement de facteurs à prendre en compte pour savoir ce que j'allais devenir en septembre... ce mois que j'appréhendais tellement et qui est arrivé si vite !
Je vous passe les doutes, les interrogations, les prises de tête... je vous passe les découragements... et pourtant j'ai continué, faisant confiance à cette étoile espérant qu'elle soit la bonne !

Il y a eu une première proposition d'où je suis sortie en larmes,
Il y a eu une deuxième proposition, une troisième qui aurait pu cette fois-ci me faire baisser les bras...

Et puis il y a eu ce jour où j'ai reçu cet appel, où l'on a fixé ce rdv, où l'on m'a proposé ce poste comme sur un plateau... ce jour où j'ai cru rêver... parce qu'enfin on avait pris en compte cette expérience acquise durant mon congé parental et mon expérience de communicante !...
3 ans représentés sur mon cv comme un tremplin vers ce nouveau challenge...

Cumuler mon expérience print et ces années sur le web pour décrocher ce nouveau poste dans la communication digitale !
Si mon expérience du congé parental peut aider certaines mamans qui souhaitent en profiter pour se reconvertir ou du moins se réorienter... c'est possible...

2- Pas de résolution, de nombreux projets

Ça fait désormais quelques années que je ne prends plus de résolution,
A quoi bon... pour les oublier dans quelques semaines...
Par contre je note pleins d'idées,
Je pars du bon pied...

J'ai soudain envie de nouvelles choses,
Je me dis souvent c'est le bon moment pour commencer ça, ou entreprendre ça !

C'est vrai le début de l'année je m'en sers comme d'une impulsion...
Et pourquoi ne pas changer de coupe de cheveux,
Démarrer ce nouveau carnet,
Reprendre mon agenda papier...

Présenter des vœux sur de jolies cartes,
Faire les soldes (je te sens sourire sur ce coup !)
Bon je me reprends...

Mon projet de ce début d'année c'est mon job nouveau et ça c'est un projet digne de ce nom,

Tout démarrer de zéro et prouver que oui ce job est fait pour moi !
Répondre à toutes les questions de mes enfants sans jamais fuir, devant l'émotion, devant la colère, devant le trou noir... quoi que... la semaine dernière alors que j'étais malade, Rosalie m'a demandé : "Maman tu peux mourir ?" et là je me suis sentie toute légère... la vie devant moi...

Profitez de chaque jour comme si c'était le dernier, vivre à fond pour ne rien regretter...aimer, parler, rire, embrasser, câliner, rassurer, ...
Voyager oui avec eux et parfois seule aussi,
Etre heureuse pour les rendre heureux !

Ecrire, aimer ce blog et tenter toujours de renouveler ma créativité pour vous satisfaire, vous apporter des nouveautés, des cadeaux, des surprises... vous donner du grain à moudre !

Manger moins salé, manger 5 fruits et légumes / jour, prendre toujours autant de plaisir à cuisiner des desserts, découvrir des saveurs...
Cultiver ces petits bonheurs qui font les grands !

3- Fille unique VS frère & sœur, ça change quoi

Je suis fille unique,
J'ai <u>trois enfants</u>,
J'observe tous les jours leur complicité,
Leur joie, leurs disputes aussi,
Ces moments incroyables où ils ne peuvent se passer l'un de l'autre,
Ces moments aussi où ils s'isolent dans leur chambre, dans leur monde...
Quand ils pleurent parce qu'ils se chamaillent,
Quand ils rient aux éclats,
Quand ils sont complices dans leurs bêtises,
Et quand ils ne se soutiennent pas parce qu'ils sont en colère l'un envers l'autre !

Je les observe tous les jours dans leur relation,
Je suis curieuse de cette fratrie,
Parce que je n'ai pas d'expérience personnelle, donc pas de comparaison...
Je fais donc de mon mieux,
Parce que mon désir le plus cher c'est de les voir unis, aujourd'hui et demain...

Souvent je me demande ce que ça leur apporte d'avoir des frères et des sœurs, dans leur vie... dans leur caractère...
Oui j'imagine bien les notions de partage, de la patience, l'attention des autres... mais plus que moi qui suis fille unique ?
Je n'ai pas de réponse,
Pourtant j'aimerai bien savoir...
Petite je n'aimais pas prêter, j'ai tellement entendu autour de moi "la fourmi n'est pas prêteuse"... mais j'aimais donner... donc on disait de moi que j'étais généreuse...

Violette qui est la troisième de mes enfants n'aime pas prêter ses jouets, c'est tout à elle... "C'est à moi ça..." même si c'est à sa sœur ou à son frère... c'est curieux... pourtant évidemment que j'explique à chacun qu'ils ont leurs jouets, leurs livres, leurs vêtements etc... mais qu'ils peuvent se prêter les objets... qu'il faut partager, tout d'ailleurs... c'est important... parce qu'aujourd'hui j'ai évolué dans ce domaine !

Qui peut m'aider à répondre à cette question "quel est l'impact d'une fratrie sur le caractère d'une personne ?"...

Que penses-tu de ça : ça change quoi fondamentalement d'avoir des frères et sœurs sur le caractère j'entends bien sûr ?

4- Pourquoi je partage un billet

Aujourd'hui il y a des icônes de partage aussi bien sur les blogs que sur les sites,
On peut aisément partager le billet, l'article, la photo... sur un des réseaux sociaux que l'on affectionne, qu'il s'agisse de twitter, de facebook, de pinterest...ou autre...
Qu'est ce qui nous pousse à partager un billet qui nous plait ?

L'envie de le partager B, A, BA bien sûr !
L'envie de lui apporter une meilleure visibilité,
L'envie de voir le sujet débattu,
L'envie de savoir ce que les autres en pensent !

Moi j'aime particulièrement partager de belles photos sur Pinterest,
Souvent je ne connais pas l'auteur mais j'ai terriblement envie de la montrer au monde entier...
Comme lorsqu'on écrit un billet pour promouvoir un article, une marque ou une personnalité !

Quand je rencontre une belle personne, quand je lis un billet pertinent, quand je vois un sujet qui me passionne, j'ai du mal à le garder pour moi...

C'est un peu comme un savoir on le partage pour enrichir, pour faire grandir, pour faire évoluer un projet et/ou une équipe... et personnellement je ne me soucie pas de savoir si ça me sera ou pas profitable (ça l'est rarement d'ailleurs et personnellement j'ai donné... j'ai aidé, recruté, formé, appris...sans secret, ni amertume...) !

Quand je suis sur Twitter j'aime RT quand je vois passer un recrutement / une recherche d'information et parfois simplement parce que les mots me touchent et que j'ai envie de les partager, voilà tout !

Est-ce que le partage d'informations, de savoirs s'apparente à de la générosité ? C'est un état d'esprit le partage ou pas ?

5- Le regard des autres a changé

Le regard des autres change
Lorsque tu es active,

C'est curieux, pourtant je suis toujours la même
Mais c'est vrai que je n'ai pas de temps à perdre
Je cours toujours mais davantage encore

Je ne suis plus celle qui mène ses enfants à l'école en regardant le ciel pour prendre une photo tranquillou
Je ne suis plus la maman dispo pour accompagner la classe des Kids,
Ou pour fixer les rendez-vous - "quand ça vous arrange ?"
Je ne suis plus celle qui à la maison est toujours dispo pour tout faire,
La poste, la banque, les courriers, ...

Je suis de nouveau active,
De nouveau celle qui doit jongler entre ses responsabilités, ses loisirs et surtout les enfants,
Certes j'ai de l'aide heureusement, sinon j'aurai tout envoyé par la fenêtre,
Le Mac, l'iPad, les bouquins, les magazines, l'appareil photo
Tous ces objets qui m'appellent à la distraction,

Et le temps qui me manque,
Je ne suis plus celle qui fait des goûters maison tous les jours
Désormais on se contentera du mercredi et du samedi,

Je ne suis même plus celle qui répond aux SMS, mails, dm et messages dans l'heure,
On ne me regarde plus comme si j'avais du temps parce que je suis à la maison,
D'ailleurs je ne sais même pas comme on me regarde je n'ai pas le temps de les voir,

Mais je sens du changement dans le regard des autres,

Pourtant j'en faisais tellement quand j'étais à la maison,
C'est juste que la société ne voit pas ce qu'une femme fait quand elle est à la maison,
Aujourd'hui je bosse certes et j'ai donc droit à un autre regard,
Un regard admiratif pour cette maman de trois enfants qui travaille....

C'est curieux, mais je le remarque
Quand on travaille on a droit à une reconnaissance alors qu'à la maison aussi on travaille même si c'est différent,

Je suis POUR un statut privilégié pour les femmes qui font le choix de rester à la maison pour s'occuper de leur famille,
Maman @home c'est pas rien,

6- Le guide de la paix digitale

C'est suite à un échange très intéressant sur twitter avec @caroleblancot et @fabriceguilloux que j'ai eu envie d'écrire ce billet,
Chacun sa vérité, sa forme, qu'il s'agisse d'un "Comment avoir la paix digitale en 30 conseils" initié par Carole ou sous une autre forme, la conclusion est la même...

Sur le web les esprits s'enflamment très/trop vite,
Les opinions sont tranchées, collectives et le phénomène de groupe attise le phénomène d'acharnement,
Oui, j'en ai fait les frais au moins à plusieurs reprises,

Parce que je pensais qu'on pouvait ici ou ailleurs défendre ses opinions, ses avis et mériter le respect,
Je me suis rendue compte que ce n'était pas possible,
Si dans la vraie vie il est possible de discuter, d'argumenter, de défendre ce que l'on pense il est impossible de le faire sur la toile,
140 signes sur Twitter limite trop le propos !
Et à priori je ne suis pas la seule dans cette situation,
Se taire pour acheter une paix digitale,
Ce n'est pas pour autant qu'on ne reste pas soi, avec ses idées et ses valeurs...

Mais la toile est bien trop acerbe, aiguisée, partiale pour oser !
Enfin que celui qui croit que c'est possible ne se gêne pas, il faut parfois se brûler les ailes pour comprendre,
En même temps que ces "heurts" que ces "buzz" j'ai appris à mieux connaître celles qui

sont derrière l'écran,
Parce qu'il y a aussi des moments où l'on se rencontre dans la vraie vie,
où l'on voit le visage,
Où l'on se regarde dans les yeux !

Je n'ai jamais eu d'échange sur certains points de divergence dans ces moments-là... Ils sont restés derrière l'écran, bien masqués sur les réseaux sociaux où il est tellement plus facile de se dissimuler...
Alors voilà ma paix digitale passe par taire certains avis,

7- Sur ce chemin qu'est la vie

Tant d'années à bloguer,
Tant de billets rédigés,
Tant de commentaires partagés...
J'ai l'impression d'avoir tant vécu de choses avec vous,
Tant de rencontres,
Tant de découvertes,
Tant de chemin parcouru...

Les enfants qui grandissent dans la vie mais sur l'écran aussi,
Et parfois, juste quelques minutes,
Parce que le ciel est gris,
Qu'il fait froid,
Qu'on perd le sourire à ne faire que courir,
Parfois juste le temps d'une image je regarde en arrière,
Je n'aime pas m'attarder dans les souvenirs,
Je n'aime pas penser aux choses qui sont derrières,
Elles me construisent tous les jours pour pouvoir avancer d'ailleurs,
Elles me poussent à grandir,

Elles me placent face à certaines situations et certaines personnes,
Mais jamais je ne reste trop longtemps à regarder dans le passé,
Parce que ce qui est fait est fait,
Parce que le passé est terminé,
Et que j'aime tourner les pages,
Que je n'aime pas me dire et si j'avais fait ça...

Que je ne regrette pas,
Les décisions appartiennent au présent,
Celles prises sont assumées,
Il faut savoir tourner les pages, rayer les lignes, avancer...
Ma vie est devant avec ceux qui font ma vie aujourd'hui !

Parfois j'essaye de tirer une personne du passé parce que j'aimerai la refaire vivre mon présent,
Parfois ça marche et marche elle reste dans le passé,
Je ne m'y attarde pas, j'avance...
J'écris...
Je décide de ma vie,
C'est devant qu'il faut placer les pions pour orienter son chemin, baliser sa route,
Noircir sa feuille...
Pourtant j'aime quelques objets, les carnets et les agendas, ces choses qui laissent un passage du vécu, des souvenirs, des événements, des moments...

Mais je les enferme dans des boites avec des courriers, des cartes,
Et je me dis "quand je serai vieille au coin du feu", je les ouvrirai avec mes petits enfants...
J'aime cette perspective là...
L'avenir !!!

Articles février :

1- Soigne ton personal branding

Par les temps qui courent,
L'image que l'on donne devrait au mieux correspondre à l'image que l'on veut donner,
Enfin ce n'est qu'un ultime conseil de ma part,
Si l'on veut avoir une image professionnelle en tous les cas,
Où que celle-ci ne nuise pas à la valeur qu'on veut apporter à celle-là !
En gros travailler son image comme le ferait une marque,

A l'heure de la multiplication des entreprises individuelles / autoentreprises et blogs qui se professionnalisent,
Se positionner,
Refléter sérieux et expertise,
Envoyer des signaux forts à l'extérieur pour se distinguer de la concurrence,

Rester soi, mettre en exergue ses compétences,
Valoriser ses atouts,
Etre présent, savoir s'affirmer c'est aussi faire des choix, dire non, privilégier la qualité,
Savoir se distinguer,
Faire en sorte que l'on pense à vous même lorsque vous êtes absent,
Penser réseaux,

Aujourd'hui plus qu'hier et sans doute moins que demain, les relations, l'esprit de groupe, la solidarité est forte, puissante et indispensable,
Forcément vous allez me demander "oui mais comment ?"
Justement en se posant sur soi, en analysant ses qualités, en cherchant ses valeurs ajoutées, bref il faut nécessairement réfléchir à soi pour présenter aux autres une image

la plus valorisante qui soi !

Travailler sur soi, se forger une personnalité vraie et authentique, gagner en confiance en soi...
C'est forcément mettre de côté des atouts nécessaires à la réussite de sa démarche,

En gros aujourd'hui soigner son personal branding est indispensable pour s'exposer sur la toile sans nuire à son identité,
Si l'on recherche évidemment à optimiser une démarche professionnelle,

2- Le profil lol de la blogueuse

J'ai l'impression de venir d'une autre planète sur mon lieu de travail,
Nous sommes presque 160 dans le réseau des médiathèques pour lequel je travaille,
Pour le web, il y a un cadre qui bosse sur le site, sa conception, Koha le logiciel libre qui gère le catalogue du réseau en autre,
Soit un webmestre qui bosse sur le portail avec lui,

Et moi qui arrive avec la casquette de chargée de communication numérique et en autre chargée d'élaborer la communication sur les réseaux sociaux...
Soit j'ai le nez sur mon écran, Je parle avec de drôle de mots quand j'utilise pinterest, instagram, hastag (etc.) dans mes phrases...
Bref il n'y a à peu près que pour Facebook que tout le monde me comprend et twitter, quoi que de loin alors...

Et puis surtout j'ai toujours mon iPhone à la main,
Les autres le laissent sur leur bureau lorsqu'ils en sortent, Moi jamais !
Tous mes déplacements intra-muros sont sujets à photos, histoire de... Même quand je vais boire le café, je l'ai dans la main,
J'ai bien compris que j'étais un peu la bête curieuse,

Comme lorsqu'on m'a sortie, une tasse de café brulante à la main,
Il est top ton blog... euh non je ne suis pas devenue cramoisie, j'assume, forcément j'ai été recrutée à ce poste aussi parce que j'ai fait mes preuves côté blogs personnels... mais lâché comme ça devant une dizaine de personnes...j'ai dit gentiment merci...et j'ai tourné les talons !... je me suis sentie gênée parce que super observée, genre "elle va finir par nous le dire ce qu'elle fait concrètement"

Je sens bien que ma page FB va gonfler de quelques personnes ici présentes... pas que je préfère être anonyme puisque je ne l'ai jamais été mais aussi exposée dans mon quotidien,
Je n'avais pas encore l'habitude ou qu'occasionnellement... Je porte donc en moi tous les stigmates de la blogueuse lol, un smartphone collé à la main, un iPad collé dans le sac,
Je fais aussi des photos de presque tout,
Décidément je ne suis pas seule dans ma tête... plusieurs vies dans une seule âme, plusieurs missions pour une seule tête, pas de papiers sur mon bureau... d'ailleurs je suis aussi #slagen depuis quelques semaines !

Blogueuse = digital mum = working girl = maman de 3 enfants = femme, j'aime les voyages et dit à qui veut bien l'entendre que je ne suis heureuse qu'avec mes enfants dans les bras, je suis là mais aussi sur les réseaux sociaux twitter, fb, pinterest et instagram... je viens de créer un tumblr et puis quoi ? Ah oui, Vine j'allais oublier !

Bon, bref, finalement mon portrait lol de la blogueuse est une drôle de chose qui navigue dans tous les sens, qui se pose rarement, qui a du mal à rester enfermée dans un 4 murs, qui marche souvent le nez dans son téléphone et dort peu la nuit (mais je me soigne !)

3- Liberté si chère

Le plus dur pour moi c'est d'être enfermé dans un bureau,
Parce que depuis 4 ans j'ai navigué toute la journée,
Et j'ai toujours revendiqué ce côté nomade,
Partir sans d'autre contrainte que familiale,
Presque du jour au lendemain... ne donner des comptes qu'à mes proches,
Bouger,
Faire que la vie ne ressemble jamais à un long fleuve tranquille,
Remplir sa vie de départs programmés ou pas, de valises à faire,
Et soudain se retrouver dans ce bureau
Avec des congés à programmer, svp pas plus d'un mois de délai pour moi,
Au-delà impossible de me projeter,
Et surtout ces murs autour de moi...

Heureusement le cadre est merveilleux, des ouvertures, de la verdure et ces livres si proches, Heureusement j'ai un patio superbe pour boire le café et je m'évade dans le service public,

Heureusement j'apprécie celle qui partage mes 4 murs, nos conversations, nos échanges et notre vision commune sur bien des points,
Heureusement mes missions sont diversifiées,
Heureusement j'aime ce NewJob !

Il faut juste que je m'habitue à nouveau à cet état de fait,
Je ne suis plus à la maison, libre de naviguer,
Je bosse et le rythme est soutenu... *Mais rassurez-vous, j'aime ça !*

4- La recette du blog réussie, la mienne

Depuis quelques jours, Je suis en quête de nouvelles lectures,
Côté livres j'ai ce qu'il me faut, calmée pour quelques mois...
Côté blogs, je m'essouffle... je suis avide de découvertes, Et ça me prend comme ça quelques fois,
Et puis je me demande souvent çà et là ce qui me pousse à revenir dans un univers,

Ce que j'aime sur un blog,
Déformation professionnelle de la communication, se mettre toujours à la place du public ciblé,
Donc dans ma virée de blogs en blogs, dans ces blogroll où j'aime flâner,
Qui a dit qu'une blogroll était inutile, d'ailleurs la mienne m'attend, une blogroll ça s'entretient. Oups
Je vais vers de nouveaux lieux et parfois je commente, J'ai rarement un retour,

Je me dis aussi que les nouvelles blogueuses ne bloguent pas dans le même état d'esprit que les anciennes,
Au-delà de l'inspiration, j'aime aussi l'échange...
Pas besoin de créer une discussion sans fin, juste savoir que derrière un écran il y a une forme humaine,

Un cerveau riche de création, une âme, une belle personne... C'est ce qui fait que je reviens finalement,
J'ai besoin de tout en fait, pas difficile la nana,
Le blog, une recette inratable :
- un titre de billet qui m'attire,

- des photos qui m'inspirent,
- une écriture qui me séduit,
- un sujet qui me donne envie de commenter,
- et l'environnement... un lieu qui me correspond,
- des goûts et des couleurs
- une blogroll intéressante,
— des rubriques qui me parlent,

- des lieux où suivre l'auteur (pinterest, instagram, twitter... quand j'aime je ne compte pas !)
— et puis je ne sais expliquer ce je ne sais quoi... qui fait que tu te sens si bien !

Cerise sur le gâteau, l'auteur(e) est sympa et ça tu le sens tout de suite (ou pas)... un mot échangé, un partage adopté, bref elle est simple, souvent intelligente, ouverte, talentueuse et j'en passe...

Certes ce n'est pas donné à tout le monde,
D'ailleurs, moi, les stars je les aime accessibles...
Me voilà donc alors que je voulais juste dire que j'étais en mode "découverte" de blogs en train de me la péter avec une recette idéale de blog réussi... ce n'est pas prétentieux, c'est juste ce que j'aime finalement...

5- Parler à mon père

Loin de moi l'idée de vous chanter le dernier succès de Céline Dion,
Quoique lorsque j'ai entendu cette chanson pour la première fois, elle a sans aucun doute réveillé en moi une douce torpeur,

Si tu me suis sur ce blog, tu as du lire une fois ou deux des billets concernant ma famille où parfois j'utilise "mon père" "beau-père" "Père" "vrai père"...etc j'en perds le fil et sans doute vous aussi,
Bref j'ai un père, celui qui m'a conçu et j'ai un beau-père celui qui m'a élevée...et que j'appelle si souvent "mon père"...

C'était il y a 14 ans et j'ai décidé de tiré un trait sur ce père fantôme, le vrai cette fois-ci !
Pourquoi ? Comment ?
Surement parce que j'allais devenir maman,
Et que c'était le moment de m'affranchir d'un lien qui était plus douloureux qu'autre chose !

14 ans sans l'entendre, le voir... les années filent si vite finalement,
1 mari, 3 enfants plus tard...
Ne me demandez surtout pas pourquoi je me suis dit "bon ça a assez duré, il est peut-être temps que ça cesse !"
J'ai pris ma plume après l'avoir longuement pensé,
Et j'ai trouvé son adresse,

Ok il m'a bien fallu 10 jours pour trouver le chemin de la poste, entre hésitation et destin...

Finalement je l'ai posté cette lettre et noté mon numéro de téléphone au cas où !
C'est vendredi dernier dans le tgv alors que je partais pour Playtime que mon portable a sonné avec ce numéro inconnu,
Jules m'a dit ça aurait pu être n'importe qui ! Oui c'est vrai, sauf que je savais que c'était lui, l'intuition tout simplement,

Alors quand il m'a dit "Virginie ?... c'est ton père"...
Je n'ai pas perdu mes moyens,
Quelques 30 minutes plus tard et trois coupures (grrr le tgv), On avait crevé l'abcès,

Je lui avais dit ce que j'avais à lui dire et lui aussi visiblement,
On s'est dit "au revoir, avec la promesse de se retrouver rapidement..."
Non, on n'habite pas dans la même ville, ni dans le même département, J'étais heureuse finalement... émue sans aucun doute... je suis restée comme ça quelques heures avec mon secret que pour moi, avant d'en parler à ma famille... J'étais réconciliée avec mon passé, ça doit être ça !

6- Fait ce qu'il te plait

Je devais avoir à peine 18 ans quand on a eu cette conversation,
Et je pense aujourd'hui qu'elle savait que je mènerai la vie que j'aurai décidé,
Sans cliché aucun, que j'avais le caractère pour !
Même si la vie t'impose des rythmes, elle savait parce qu'elle avait cette juste intuition, cette philosophie de la vie, cette expérience riche aussi, elle savait que je serai cette femme d'aujourd'hui,

Celle qui finalement ne s'est pas laissé dicter sa vie, ses décisions,
La vie aurait pu être bien différente parce qu'elle aurait pu être plus facile si j'avais accepté certains compromis,
J'ai toujours pensé qu'on était aussi acteur de sa vie, qu'il ne suffisait pas de croire que la vie décidait de tout,

Son destin on se le fabrique aussi,
Il faut parfois du courage, beaucoup même, il faut surtout prendre des risques et prendre des décisions !
Je me souviens mot à mot de la manière dont elle avait amené cette conversation,

Je me souviens qu'elle m'avait éclairé sur cette flamme en moi, sur ce désir de faire dans la vie, sur ce désir d'avancer parfois en sortant des cadres, en bousculant les lignes droites,

Finalement à 40 ans aujourd'hui je me dis qu'elle avait mille fois raisons,
La société impose des cadres, à toi de les faire sauter si tu as envie de vivre la vie que tu aimes,

Je vois tellement de gens malheureux, des gens qui se trompent de route, qui se trouvent coincés dans une vie qu'ils n'ont pas choisi,
Je vois tellement de gens qui n'ont pas osé prendre des décisions quand il le fallait...

Je sais aujourd'hui que je ne serai pas comme ça, parce qu'au-delà du recul nécessaire qu'il faut pour faire, je mène la vie que j'ai choisi,
Bien sûr que ce n'est pas rose tous les jours, mais là n'est pas le débat... pour personne la vie est complètement limpide, rose et belle... on a tous nos difficultés, nos contraintes, nos barrières...

Et chacun fait avec ce qu'il a en lui pour résister, ondoyer, s'adapter, avancer...
Quand je pense à elle, je me dis simplement qu'elle avait raison, dans la vie il faut oser faire ce que l'on aime et vivre la vie qu'on se choisi... mais c'est évident c'est loin d'être le cas de tous,
Si je pouvais simplement avec ce billet te donner envie de faire ce que tu aimes ou d'y penser !

La société façonne les esprits et l'on perd progressivement tout espace de liberté... fais toi une place pour respirer, fais ce qu'il te plait !

7- Tout dire à ses enfants et comment le dire

Il y a les partisans du " surtout ne pas mentir à ses enfants"
Sans tabou, sans retenue, brut parfois un peu trop...
Il y a les autres, dont moi...
Les épargner un peu parfois, face à l'abondance d'informations "difficiles",
Les faire rêver encore un peu, Leur offrir un bulle où s'évader quelque fois...

Mes enfants ne sont pas dupes de la réalité du monde,
Ils nous interrogent sur la guerre au Mali, la viande dans les lasagnes, le chômage, la politique, la météorite en Russie, le mariage pour tous, c'est quoi un viol, pourquoi un papa est en haut d'une grue...
Ils suivent l'actualité, Les enfants sont comme nous, ils entendent tellement de choses...

Je crois que nous, parents sommes là pour les aider à digérer, à comprendre, les aider à penser par eux-mêmes, se faire une opinion,
Difficile d'enjoliver le quotidien parfois,
Et pourtant j'essaye aussi de tourner les choses positivement,
Il n'y a pas que des catastrophes,
Il y a aussi ces petits bonheurs qu'on se fabrique,
Ces petits bonheurs qu'on attrape au passage,

Leur apprendre pourtant à imaginer un monde parfait,
Garder ses illusions,
Celles de l'enfance, puis plus tard celles de la jeunesse,
Ne pas gratter trop vite cette couche dorée,
Qu'elle soit là pour faire aussi son effet, Non, tout ce qui brille n'est pas d'or.

Mais la vie a aussi du bon... du rire, des instants si forts, des instants si particuliers...

Comme celui que j'ai vécu dimanche dernier,
Quand il est arrivé, J'avais imaginé tellement de scénarios, Les choses se sont faites naturellement,
Il y a des moments dans la vie, où il ne faut pas se mentir, Juste accepter les choses, Et leur présenter simplement un bonheur simple et sans artifice !

Je ne raconte pas d'histoires pour enjoliver leur vie, Je vis pleinement la mienne en souriant aux bons moments quand ils se présentent...
Et je tente de leur faire apprécier la vie du bon côté !

8- On vivait comment avant les réseaux sociaux ?

Aujourd'hui je lis ici où là de nombreux articles sur l'addiction aux réseaux sociaux,
Sur l'hyper connectivité, d'ailleurs j'en avais moi-même écrit un billet,
Sur la dépendance aux Smartphones... etc., etc. !
Bref, je me dis souvent, comment on faisait avant ?... On téléphonait davantage ? On écrivait davantage ? On lisait davantage ?
Bref l'information nous venait beaucoup moins facilement, Les amis aussi...

Parfois je me dis aussi, qu'on devait s'ennuyer... je ne me rappelle même plus de cette époque pourtant si peu lointaine...
Je ne me souviens plus de mes soirées devant la tv, où plutôt oui je me souviens des sms qu'on s'envoyait entre copines pour se commenter l'émission, la série, le film...
J'ai lu aussi que cette addiction aux réseaux sociaux était peut être une addiction aux autres...

A-t-on davantage besoin des autres dans un monde qui se veut tant individualiste ?
Est-ce finalement une facilité que de sonder sa TL plutôt que de penser par soi-même ?

Je n'ai aucune réponse, pourtant j'y pense beaucoup... d'autant qu'aujourd'hui je bosse dans le management des réseaux sociaux pour mon intercom alors plus la tête dedans y a pas... surtout que toute la journée je réseaute et que le soir je réseaute aussi...

J'ai pourtant pas l'impression d'être totalement dépendante, je n'ai pourtant pas l'impression d'avoir besoin d'amis, parce que si je suis sûre d'une chose c'est bien de cela, je ne recherche pas l'amitié sur les réseaux sociaux... des bonnes relations, des connaissances, des gens que j'admire, des personnalités hors des sentiers battus oui et sans doute que j'y prends beaucoup de plaisir !

Mais j'arrive aussi à poser mon tél au pied de mon chevet (ok il n'est pas bien loin) le soir quand j'ai envie de lire un bouquin (papier je précise) comme j'arrive à éteindre la télévision quand j'en ai marre du bruit et des parasites dans ma tête !

Mes enfants, ces digital natives, ne se poseront jamais cette question... mais moi qui est connu autre chose, je me la pose régulièrement... comment faisait on avant les réseaux sociaux ???

Toute cette révolution numérique donne du grain à moudre aux sociologues, psychologues, futurologues... et je suis assez fière d'assister à ce monde en mutation... parce ce que pour le coup c'est une vraie révolution les réseaux sociaux...

Articles Mars

1- Ne pas céder à la facilité

Parfois on se plaint...
Inutilement, pourtant au moment où on le fait, on se sent désespéré,
Moi la première, je m'énerve, parfois je suis dans l'incapacité de rester zen face à une situation,
Pourtant avec le temps et les années, J'apprends à prendre du recul,
A conserver mon sang froid, Mais il suffit d'une accumulation de fatigue,
Et je m'enflamme... après je regrette, j'aurai pu faire autrement,
Mais c'est trop tard...

Pourtant je ne suis pas impulsive, je réfléchis toujours avant de dire quelque chose,
Mais bon, je me plains aussi...
Je ne suis pas parfaite, Et pourtant je le regrette, je ne suis pas à plaindre,
Et je me le dis tous les jours,
Quand je vois certaines personnes,
Quand je comprends certaines situations,
Quand je sens la tristesse, le malheur, la maladie, le désespoir... Waouh...
Et parfois ce n'est pas loin, dans mon job, j'en fréquente...
Et tout devient soudain relatif...

Je me dis que j'ai de la chance, pour beaucoup de choses,
Je sais ça n'arrive pas seul... mais quand même...
Parfois il me faut l'écrire pour partager,
Qu'on se le dise encore et encore...
Pourtant en début d'année, je ne souhaite que la santé,
Il n'y a que ça qui compte, le reste c'est la volonté qui doit faire surface !

Qu'on insiste sur les petites choses qui comptent plus que les mauvaises,
Qu'on s'efforce de voir ce détail rose dans le quotidien, Qu'on trouve l'occasion de rire une fois par jour au moins,
Et qu'on couche les mots noirs pour ne pas les utiliser !

2- C'est si facile de leur dire oui

L'avantage d'avoir un enfant qui grandit c'est qu'il comprend mieux certaines choses,
Et pose des questions,
Ce qui me permet de lui expliquer et de tenter de lui faire comprendre (et de croiser les doigts pour qu'il soit porte drapeau de la fratrie) !

Voilà comment durant la semaine blanche à L'Alpe d'Huez,
J'ai expliqué à mon fils sous le regard attentif de mes filles,
Que c'était bien plus facile de leur dire "OUI" à tout, plutôt que de dire "NON", passer pour la méchante mais néanmoins leur apporter des valeurs et une éducation,
Parce que je pourrai ainsi les laisser manger avec leurs doigts, s'en mettre partout, nous couper la parole, parler mal, se mettre sur la figure, dessiner sur les murs, faire une montagne de fringues dans leur chambre, ne pas se laver,

Ne pas leur mettre de limites, ne pas me battre, ne pas me fatiguer, les laisser faire comme ils veulent...
Et que la vie serait soudain plus facile, plus sereine, plus reposante...
C'est si facile de leur dire OUI !

C'est tellement agréable de les voir satisfaits, heureux, épanouis, les entendre me dire que je suis la plus gentille des mamans,
Plutôt que la plus vilaine... parce qu'en ce moment je suis vite la plus vilaine, il suffit de dire "non" une seule fois !
Et zut...

Violette est dans la terrible période NON et n'est pas la dernière pour faire tout à

l'envers,
Rosalie est toujours aussi chipie,
Jules approche une adolescence que je redoute !

Soit ils demandent, tentent, testent, harcèlent parfois... et ça serait tellement plus simple de ne pas devoir dire NON si souvent,
Mais après tout ils ont aussi le don de me demander des choses à laquelle je ne peux dire que NON,
En est-il de même partout ?

Mais non je ne lâcherai pas face à leurs visages d'ange !
Même si ce n'est pas tous les jours faciles, que je suis parfois très fatiguée, je résiste... heureusement il y aussi les bons moments...

3- 2 mois que je travaille ça change quoi

2 mois que j'ai repris le chemin du bureau, 2 mois que je n'ai absolument pas vu passer,
Si j'avais l'impression que le temps passait vite, j'ai l'impression aujourd'hui de ne plus rien saisir entre mes mains, tout file si vite,
Je me retrouve le vendredi en me disant "déjà"...
J'ai repris l'habitude de faire des listes de ce que je dois faire, écrire, acheter, penser...

Trop de choses se bousculent,
Je me sens bien dans ce nouveau job, dans ce nouveau lieu et au milieu de ces nouveaux gens et ça c'est le côté super positif,
Mais j'avoue ne pas avoir encore réussi à sortir la tête complètement de l'eau,

Pourtant j'ai fait des choix, j'ai dû arrêter d'écrire partout, de me coller autant la pression,
Je continue d'écrire tous les jours ici,
J'essaye de vous répondre le plus souvent possible et de vous visiter aussi,
Je continue à alimenter (ah ah) Figue & Sardine parce que c'est un lieu si agréable et divertissant pour moi, mais je compte de plus en plus sur Sardine,

J'ai considérablement ralenti le rythme sur Fais-toi la belle,
D'abord parce que, forcément, je ne sors plus trop de ma ville depuis deux mois,

Plus d'escapades programmées, plus de découvertes "à table...", je ne flâne plus dans les villes que j'aime découvrir sans cesse,
J'ai même dû refuser un très beau voyage hier,
Je suis au bureau la journée,
Le mercredi je suis taxi et j'aime aussi profiter de ce temps pour profiter d'eux

pleinement et le week-end, et bien parlons-en du week-end, il pleut, il vente, il caille...c'est l'hiver et finalement on est bien chez soi...
Mais je n'abandonne pas mon esprit Globetrotteuse pour autant, alors j'alimente (pour l'instant) différemment,

2 mois que je bosse et j'ai appris beaucoup de choses aussi, sur l'univers des bibliothécaires, sur l'activité des lieux et même sur les réseaux sociaux dont je veille certains domaines tous les jours,
2 mois où finalement j'ai fait beaucoup mais différemment, sur le web ce sont des instants qui comptent notamment sur Instagram,
Et puis sont arrivées les vacances scolaires,

Les premières depuis 3 ans que je ne passe pas entièrement avec eux,
Quand je suis partie le lundi matin, ils ne comprenaient pas pourquoi je ne restais pas là, à la maison... à programmer nos journées "vacances",
Pourquoi le matin j'ai fait sonner le réveil, pourquoi j'ai enfilé ma tenue pour bosser ?

Ah oui, depuis deux mois, je me suis couchée plus tôt, je suis fatiguée, ce nouveau rythme est difficile à adopter surtout en janvier,...
Vivement le printemps, quelques mois plus tard...
Quand il fera beau et qu'on laissera les fenêtres ouvertes toute la journée au bureau...

2 mois que je pense le soir comment je vais m'habiller le lendemain, selon si les lieux sont ouverts au public ou pas et selon mes rdvs...
2 mois que j'explique aussi mes missions en interne, une stratégie élaborée, validée, un projet à faire partager...
2 mois que je ne regrette absolument pas d'avoir repris un job parce que mes missions me passionnent !...

4- La mort des blogs, t'es fou

J'ai vu quelques billets passés sur La mort des blogs,
Quand twitter a explosé, quand tumblr s'est fait une place on a certes évoqué la mort "future" ou pas des blogs,
Est-ce que 140 caractères allaient écraser les milliers de mots écrits sur nos billets ?

Est-ce que quelques tweets allaient définitivement enterrer la valeur de nos humeurs détaillées appuyées de photos ?
Est-ce que le formatage twitter allait ensevelir la présentation qu'on essaye de faire au mieux sur nos blogs ?

J'ai croisé les doigts pour que les blogs restent les blogs,
J'ai espéré fortement que rien ne change bien au contraire,
Et dans mon job aujourd'hui,
Je veille tous les jours les outils de communication indispensables sur le web,
Intégré au mieux dans ma stratégie marketing ce qu'il faut pour bien faire,
Le blog en 2013 est un outil nécessaire,

Plus que jamais indispensable pour les entreprises,
Plus besoin de se prendre la tête,
Non twitter n'a pas réussi son tour de force, Chacun à sa place dans l'univers du web,
Le blog est un espace qui nous appartient, Où chacun est libre de s'exprimer,

De négocier comme il le souhaite avec ses partenaires,
De parler de sa vie ou des oiseaux qui chantent et des fleurs qui poussent,
Le blog est notre espace de gestion de contenu, Ce lieu qui fait réagir les lecteurs, Où

l'on échange autour d'un thé parfois ou d'une douceur,

Je ne vois vraiment pas pourquoi on se prendrait la tête entre les mains en se questionnant sur l'avenir des blogs,
Ce n'est pas pour demain,
Je te rappelle qu'il se créait 3 millions de blogs par mois,
Que ma recette est là sur la réussite du blog,
Sur la stratégie digitale je te propose de prendre ce billet et de l'en faire ta propre sauce,

Et sinon surtout rester humble,
Et conserver par-dessus tout l'envie d'écrire et de partager...

5- Est-ce bien raisonnable ?

De vouloir porter des hauts en résille à 40 ans ?
D'envisager d'acheter toutes les écharpes de Monoprix ?
De vouloir des Vans alors que j'en avais plein l'armoire à 18 ans ?
De faire sonner le réveil 1h avant de partir alors que j'ai 3 enfants à m'occuper et moi, et moi et moi...

D'envisager de prendre une chambre à l'année au Couvent des Minimes,
De penser qu'à découvrir de nouvelles saveurs et de nouvelles recettes alors que je souhaite perdre quelques kilos #minceur13
Est-ce bien raisonnable de dormir avec son iPhone sous l'oreiller ?
D'aimer le rouge, le rose, l'orange la vie en couleur et d'aimer le noir dans la déco jusqu'au bout du bout !

Est-ce bien raisonnable de lire 50 shades of grey et d'en parler comme si je lisais un classique de la littérature ?
Est-ce bien raisonnable de parler à son ombre ?
De chanter à tue-tête en voiture ?
De crier "Je t'aime" devant une vue à couper le souffle...
De faire des bulles avec des malabars ?

Est-ce bien raisonnable d'apprendre à ses enfants de grimper aux arbres, à faire des roulades, des rondades et même à marcher sur les mains ?
Est-ce bien raisonnable de ne jamais penser à demain, de jouir de l'instant présent et puis c'est tout !?

Est-ce bien raisonnable d'aimer les moustaches, les hommes à barbe, d'avoir un <u>board</u> que pour eux et même deux, et de regarder les bébés comme si je n'avais pas d'enfant ?

Est-ce bien raisonnable de couper une conversation avec le pape parce qu'il m'appelle ?
Est-ce bien raisonnable de prendre un bain alors que la planète manque cruellement d'eau potable ? la prochaine fois j'irai plonger dans un lac...
Est-ce bien raisonnable d'envisager des trucs fous tout le temps et de partir au jour le jour parce que ma vie c'est ça !
Est-ce bien raisonnable d'écrire des billets dans la nuit, alors que je devrais dormir...?
De tweeter pour un oui, pour un non ?
Est-ce bien raisonnable de faire la gueule parce que sa chef est en vacances ?
La vie est ce qu'elle est... je l'aime tantôt raisonnable, tantôt passionnante, j'aime la vivre pleinement...

6- Qui influence qui ?

J'ai été ravie de lire ce billet,
Les blogs auraient davantage d'influence que les réseaux sociaux,
Heureusement qu'ils seraient en danger face à twitter !
Personnellement j'ai la chance de pouvoir te donner mon avis sur un certain nombre de produits que je teste,

Des lieux aussi que je découvre,
Je ne sais pas si c'est utile pour toi,
Mais je le fais toujours avec beaucoup de sincérité vis à vis de toi qui me lit tous les jours,
Quand je n'aime pas je le dis gentiment à la marque et préfère alors me taire,

J'ai fait le choix d'une ligne éditoriale optimiste, comme je suis...
Mais je suis moi-même sous influence,
Je lis des blogs,
Je note des livres,
Je retiens des adresses,
Je teste des recettes,
Souvent je m'inspire ici ou là de photos, d'ambiance...

J'interroge certaines blogueuses sur tel ou tel produits, je n'hésite pas quand je ne connais pas,
Et d'ailleurs je t'encourage à faire pareil,
J'aime partager,
Souvent aussi je télécharge les applis que je vois en test,

J'enregistre les URL des sites où j'ai envie de commander,
Bref je suis une blogueuse sous influence,

Je ne vais pas ici te confier les noms de celles (et ceux) qui m'influencent, je suis comme toi, j'ai ma blogroll, mes favoris, mon google reader bientôt à la poubelle désormais j'utilise The Old Reader, je flâne, je clique, vais lire les copines, et rebondis souvent d'un blog à l'autre...

J'aime au-delà de 140 signes ce que les blogueurs ont à dire et montrer d'un produit... Je n'ai jamais rien acheté à partir de Facebook, rien acheté à partir de twitter... Par contre je suis sensible à Instagram, à Pinterest et bien sûr aux blogs !

7- 5 ans déjà, la route est belle

Si tu sais pas quoi faire, créé un blog...
C'est peut-être ce que je me suis dit,
Il y a 5 ans, le jour où je me suis lancée !

Une main devant, une main derrière, du jour au lendemain un téléphone qui ne sonne plus, les vestes qui se tournent bizarrement, plus de job et tout le temps de dormir après une période si intense...

Je crois que j'aurai pu déprimer si je n'avais pas eu mon caractère, si je n'avais pas eu les gens que j'aime autour de moi,
C'est à ce moment-là que je me suis lancée,
Je passais seulement la ligne de départ et que la course allait être longue... et tellement belle !

Mais ça, je ne le savais pas encore...
Rapidement on a eu l'impression de toutes se connaître,
On avait l'impression d'être si peu sur la blogosphère...
Il y avait des bancs où parfois on s'asseyait pour bavarder,
On passait si facilement du blog au mail, des échanges à la vraie vie,
A cette époque je voulais rencontrer toutes les blogueuses que je lisais,
Et finalement je crois les avoir presque toutes rencontrées,
Sauf 1 ou 2...

Il avait de jolies attentions avant que ne débarquent la jalousie, la course à celui qui sera la plus lu, la plus forte, la plus grande, ... les couvertures se sont tirées dans tous les sens, parfois elles ont cédé et se sont déchirées... la blogo est devenue "normale"... au début elle était belle, elle est simplement désormais le reflet de la vraie vie... On se bouscule, on s'écrase un peu parfois, on s'aime quand même, on s'aide parfois, on échange beaucoup... et le chemin continue !

J'étais loin d'imaginer le paysage... loin de croire que je serai toujours aussi passionnée après 5 ans de blogging intense...

Bien que tout ne soit pas rose, les couleurs se bousculent et le chemin m'éblouit... je me suis habituée à ces flashs, les éclairs ne m'impressionnent plus, désormais j'avance sereinement, je ne prends que le positif et il est immense !

Le week-end dernier dans ce merveilleux cadre, j'ai confié à mon mari qu'on fêtait ici les 5 ans de mon blog,
Je lui dois tant à ce blog !
5 ans de passion,
5 ans de blog !

8- Où chercher l'inspiration ?

Depuis 5 ans à quelques jours près, j'écris sur ce blog,
Tous les jours,
Et jamais je n'ai eu envie d'arrêter,
Jamais je me suis dit "*zut, je ne sais pas quoi écrire pour demain...*"

Des habitudes se sont installées, des évolutions ont vu le jour, j'ai joué, tu as joué... j'ai créé, tu as aimé, parfois moins, j'ai inventé, j'ai testé...Approuvé ou pas ! J'ai dit oui, non, peut-être, faut voir !
Je n'ai jamais cherché l'inspiration, elle vient à moi...

Comment ? En restant attentive, en captivant ces moments particuliers, ces paroles aussi, ces paysages, ces lieux, ces goûts aussi...
Je n'ai aucun secret, si ce n'est que je lis beaucoup, que je bouge beaucoup, que je parle beaucoup...

Et mon inspiration vient de tous ces moments-là !
De multiples rencontres, de nombreux sujets partagés, de riches conversations... Il suffit de peu pour tirer l'épingle du billet,... des échanges entre amis, entre connaissances, parfois même avec des inconnus,

Des escapades pas toujours au bout du monde, il suffit de sortir, de flâner, de photographier, d'avoir envie de voir ce qu'il y a à voir ! Au coin de sa rue, un peu plus loin... et encore plus loin... se constituer un joli carnet de voyage inspirant, inspiré !

De la lecture à gogo, lire des blogs, des sites, des revues, des magazines, des romans, des

journaux, des polars, des albums jeunesse,
Je n'ai pas une seule source d'inspiration,
Je m'inspire de la poésie de la vie,
De ceux qui m'entourent et de ce que je vois,
De mes coups de cœur,
Dans mes découvertes !

Ma vie est assez riche pour avoir envie de partager avec vous quelques brides,
Non pas tout mais suffisamment pour que tu me connaisses mieux,
Que tu saches ce que j'aime ou pas,
Que tu aies envie de continuer à me lire et parfois jusqu'à te donner envie de participer en commentant,
La vie, une source inépuisable d'inspiration,

9- Pourquoi je ne serai jamais une blogueuse blasée ?

Je crois tout simplement que ce n'est pas en moi,
Je ne suis blasée de rien, toujours émerveillée... j'ai dû conserver une âme d'enfant,
J'ai toujours l'impression de découvrir,

Il m'en faut peu pour sauter de joie, Sans doute ma nature optimiste,
Avant le blog j'ai vécu d'autres périodes intenses où j'ai eu la chance de rencontrer des personnalités importantes, j'ai eu la chance de vivre des moments exaltants,
Jamais je n'ai eu la désagréable impression que c'était normal, que c'était acquis...

Non j'aime trop la simplicité, le naturel, les gens authentiques pour perdre de vue l'essentiel !
Quand un partenaire s'étonne que je réponde si vite, que je sois polie, qu'avec moi ça soit simple, que je sois toujours de bonne humeur,
Evidemment que ça m'étonne,

Comment peut-on s'habituer un jour à vivre de si belles choses ?
Du jour au lendemain, toutes les situations peuvent changer,
Alors je vis pleinement chaque occasion comme elle se doit d'être vécue,
Et je vis des choses tellement exceptionnelles depuis 5 ans,
A chaque fois il faut que je me pince pour y croire...

Chaque fois je me dis, tu te rends compte la chance que tu as,
Chaque fois je me réponds oh oui... quelle chance, alors profite pleinement !!!
J'aimerai t'énumérer les occasions où j'aurai pu prendre la grosse tête,
Genre le jour où j'ai atterri en Laponie,

Genre le jour où je me suis retrouvée dans cette conférence à Londres avec 50 journalistes européens,
Le jour où France Télévision m'a confié le Live tweet des Globes de Cristal,
Chaque été où j'ai couvert le village Kinder,
Quand je me suis réveillée dans cet hôtel somptueux,
Quand je me suis retrouvée dans cette cabine de massage à Madère ou en Tunisie,
Quand j'ai massé ma fille, une semaine dans ce centre merveilleux à St Malo,
Genre quand tu dévales les pistes dans ces conditions ou bien dans celles-ci,
Quand je suis allée à Strasbourg, en Auvergne , à Langres et j'en passe...
Quand j'ai reçu son mail pour mon prochain week-end,
Chaque fois aussi qu'on me demande d'écrire un article sponsorisé, chaque fois qu'un partenaire me choisit,

Chaque fois c'est pareil, je me creuse la tête, jamais je ne prends les choses à la légère,

A chaque fois je me dis, je rêve...
Je n'ai pas pour habitude de dire "jamais",
Pourtant à 40 ans je suis sûre de moi, sur ce point au moins, jamais je ne serai une blogueuse blasée,
C'est tellement enrichissant, Tellement incroyable, Tellement magique...
C'est la vie qui veut ça, des bas mais aussi des hauts que je sais apprécier complètement !

Avril 13 :

1- Non je ne regrette rien

Il y a 5 ans je pleurais toutes les larmes de mon corps parce que je venais de perdre les élections municipales et toute la vie que j'avais organisée autour de mon engagement,

Je pleurais aussi tous les gens qui quittent le navire quand le pouvoir change,
Ceux qui se disaient des amis, Ceux qui m'ont tant critiqué après la défaite,
5 ans après, je confirme que mon destin était bien ailleurs,
Et mille fois je répète que je ne regrette rien, En insistant sur les mille fois !!!!!

J'ai créé ce blog qui m'a apporté tellement de bonheur et de satisfaction,
Je l'ai créé dans un profond moment de désespoir, le chemin était sinueux, sombre et minuscule, je l'ai pris seule...

Entre événements, voyages, rencontres, apprentissage et même un nouveau job, ...
J'ai voulu un troisième enfant parce que soudain je voyais les choses autrement, J'ai perdu des illusions, des gens mais tout ce qui est venu après a été tellement meilleur,

Les gens que j'ai rencontrés depuis en dehors de ce contexte politique et municipal m'ont enrichi,
Les événements que j'ai vécus, également, je ne te parle même pas des voyages...
Déjà j'étais comme ça, la vie avançait et j'aimais les tournures, les aventures, j'ai toujours pensé que le mieux était devant,

En 2008 j'ai perdu tous les repères, sauf ma famille et mes vraies amies,
Si depuis cette date, je pensais que ça avait été un accident de parcours,
Une incompréhension dans ma vie,

Aujourd'hui plus du tout, je sais tout simplement que c'était mon destin, parce que cette vie-là n'était pas positive,
Tous ces gens qui gravitent par intérêt du pouvoir me font vomir aujourd'hui, Et je change volontiers de trottoir quand je n'ai pas envie de parler à quelqu'un,

Je n'ai même pas de rancune, l'ignorance n'est-elle pas le meilleur des mépris ?
C'est un luxe d'avoir prouvé que je n'avais besoin de personne pour faire ce que j'aimais,
Ce luxe là c'est ma façon de leur montrer que je me fous d'eux aujourd'hui,

Qu'ils sont restés dans leurs petites préoccupations tandis que j'ai continué mon chemin, les yeux rivés vers l'horizon,
Que ce que je vis depuis est inestimable,
Que ce qui ne tue pas rend plus fort !

2- Je suis maman de trois enfants et je travaille

J'entends tellement cette phrase autour de moi, *"mais comment tu fais ?"*
Que je me pose des questions,
Je ne suis pas la seule à mener de front plusieurs vies,
Enfin à gérer ma vie avec plusieurs rôles,
On m'a même demandé si j'avais une sœur jumelle, que c'était ça mon secret,

J'avoue avoir bien ri, lorsqu'elle m'a écrit ça... (elle se reconnaîtra) !
Je cours certes beaucoup et parfois mes journées ressemblent à un marathon militaire,
Parce que oui, l'organisation est de mise, indispensable pour tenir le rythme...
Il n'y a bien qu'en vacances que je lâche prise,
Le reste du temps tout est quasi sous contrôle,
Pas vraiment le choix,

Heureusement aussi je suis entourée et considérablement aidée certes...
Et puis je gère les priorités,

La télévision est en option et de toute manière quand je regarde une émission, j'écris en même temps, bref dans ma vie je fais rarement qu'une chose en même temps !
Le temps est minuté, optimisé mais j'y arrive,
Après tout si j'y arrive on doit toutes pouvoir y arriver...
Bosser, bloguer, materner, aimer et survivre heureuse...
Parfois fatiguée, voir épuisée...
Je résiste, je récupère et je repars...

Après tout je ne crois pas pouvoir vivre autrement, la passion dans mon moteur....

3- Rester humain face au 2.0

Pourquoi j'aime tant les blogs ?
Parce que derrière l'écran, il y a des êtres humains,
Elles ont commencé comme moi par écrire ce qu'elle aimait avec plaisir, la motivation était la même pour tous, partager le plaisir d'écrire...

Et puis le temps a passé,
On a appris, on a fait les frais, on a pris beaucoup de plaisir,
Pour certains c'est resté uniquement du plaisir parce qu'elles en avaient envie,

Pour d'autres c'est devenu une façon de gagner leur vie,
Parce que le blog a grandi, parce qu'il nous a permis d'aller vers un autre chemin,

Mais pour toutes et je ne crois pas me tromper, le blog est resté au coeur de notre passion,
On le bichonne,
Parfois on y met le prix,
On y passe tellement de temps,
Il nous donne tellement de bonheur,

Voilà j'aime les blogs parce que derrière l'écran il y a des visages, des cœurs, des êtres humains,

Et je deviens fidèle à une plume, un style, une vie, une personnalité, un caractère, des goûts, des points communs, une personne,

Derrière le 2.0 et sa multitude de sites, de rebonds, d'offres, d'overdose de clics... Je m'attache aux personnes,
Parce qu'au-delà de tout, il y a un échange, une culture, un partage...
J'ai besoin de ça pour lire, pour m'attacher aux mots, pour cliquer sur un abonnement... j'ai besoin de me sentir bien accueilli, j'aime sentir que j'existe dans cet univers où je suis entrée...

C'est pourquoi j'applique la même recette, j'essaye toujours de vous accueillir au mieux, de vous faire coucou où que l'on se croise, je préfère faire moins mais bien et dans la vie c'est pareil...

J'ai besoin de voir l'humain derrière le 2.0,
N'est-ce pas pour ça aussi qu'on est lu ? En tous les cas c'est ainsi que je vois les choses, se livrer pour échanger, partager... si l'histoire vous plaît !

4- Les blogs VS la vraie vie

Je ne sais pas pourquoi quand une blogueuse me dit "il y a aussi la vraie vie" sous prétexte qu'elle néglige son blog, ça me fait quelque chose !
Parce que je ne comprends pas en fait,
Ok, il y a le réel et le virtuel,

Mais le virtuel fait partie de la vraie vie non ?
Ok si tu veux dire que le blog ne te permet pas de vivre et que tu considères que la vraie vie c'est l'argent et ta famille,
Enfin moi mon blog fait tellement partie de mon quotidien que je n'ai pas vraiment l'impression de rêver quand j'écris et puis comme désormais mon activité professionnelle est aussi sur le web, que devrai-je dire ?
Que mon job n'est pas la vraie vie alors...

Et quand tu sais que j'écris un blog pour mon employeur,
Je suis en plein marasme, je ne vis plus que dans la "fausse" vie...
Bizarre le concept "vraie" vie ou pas !

Bon non je ne comprends pas vraiment le sens de la "vraie" vie...
Le blog me permet de vivre toutes les semaines des événements bien réels, des déplacements, des tests de produits, des voyages, des soirées... j'existe bien, j'y suis, je sens, je goûte, j'apprécie... Je vis !

Et de rencontrer des personnes bien réelles, d'ailleurs des blogueuses aussi...

Et sauf preuve du contraire, nous avons de vraies discussions, autour de la vie, la vraie... enfin je comprends plus rien, les enfants, le travail, la politique aussi et les blogs, ce truc bizarre qui nous envoie sur une autre planète !

Alors non, pour moi le "et puis voilà, les enfants, mon travail... c'est ça la vraie vie..." n'a pas tout son sens !

5- Et la tendresse bordel

Pourquoi les semaines passent si vite ?
Parce qu'elles sont trop remplies mon enfant,
J'ai eu ma réponse en lisant un ITW de Monica Belluci cette semaine,
Elle disait aimer vivre au Brésil car il y avait une vraie douceur de vivre et qu'elle avait soudain davantage de temps pour elle,

Elle a raison,
La vie française n'est pas originale du tout, elle est stressante, irritante, les mentalités m'insupportent, je hais au plus haut point tous ceux qui passent leur temps dans la critique (bientôt je hais plus de gens que de raison, forcément en France, les gens passent leur temps à critiquer son prochain...) ... la sensation est désagréable, déroutante, pourtant je rencontre encore des belles personnes, celles qui se préoccupent du bonheur de leur entourage, qui fuient les conflits, les critiques, les jalousies...

La vie française devient triste à pleurer... quand tous les jours on apprend une nouvelle affaire, une nouvelle scène, une découverte de plus dans le mensonge, c'était mieux quand on avait des illusions sur les gens finalement, peut-être, je sais pas...
La vérité est-elle toujours bonne à dire ? Est-ce que la vie est plus belle lorsqu'on lave son linge sale publiquement ?

Bref même si comme tout le monde (y compris les plus jeunes) je suis l'actualité, même si je suis attentive à l'évolution de notre société... je m'interroge, et j'éprouve des sentiments...des émotions... Parfois j'aimerai que la vie se résume à être heureux avec ceux qu'on aime, travailler, gagner sa vie, avoir des passions et vivre pleinement ce quotidien !... Que les choses soient plus légères, plus simples...

J'ai l'impression que ce monde-là n'existe plus dans notre pays... malgré les talents, les créateurs, les originaux, ... malgré tous ceux qui pensent comme moi, ...

C'est trop tard, ils ont pris le dessus, ils sont trop nombreux...
La douceur de vivre reviendra-t-elle un jour ?

6- 40 ans c'est la vie

J'ai déjà parlé des avantages d'avoir 40 ans,
Aujourd'hui à quelques semaines de mes 41,
Je voudrai confirmer le bien-être et l'assurance ressenti cette année,
Bizarrement je ne me suis jamais autant senti sûre de moi,
Vis à vis de ma famille, de moi-même aussi,
Et professionnellement certes,
L'assurance de savoir quoi faire de mes pensées, L'assurance vis à vis de mes idées,

Aujourd'hui je sais mieux qu'hier défendre mes idées et les assumer, Je sais aussi comment faire dans certaines relations, quel ton utiliser, quel mot passera le mieux, J'arrive à prendre du recul, je ne réagis presque plus au quart de tour, Je prends des décisions, je fais confiance à mon intuition,
Je sais d'emblée comment me comporter,

Beaucoup plus calme malgré toujours autant d'énergie,
Une vie que j'ai choisie et que me rend heureuse,
Même si comme tout le monde je n'ai pas assez d'heures pour bien faire,
Pas assez de temps pour être toujours complètement zen,
Et puis il y a l'assurance de moi vis à vis des autres,
Ce regard qui ne pèse plus du tout,

L'impression d'être complètement détachée de ceux qui ne m'intéressent pas,
Je vis et me préoccupe plus que de ceux que j'aime, que je trouve bienveillants
Il y a vraiment en moi une sérénité nouvelle, Quand j'ai envie de faire, je fais sans me poser trente-six questions,

Si je le sens bien, je n'hésite plus !
40 ans, ça a du bon... et j'en profite !

Un billet pour rassurer mes copines qui me suivent de quelques années...
Un billet pour celles qui cherchent peut être encore un peu cette assurance, oui on peut la trouver...
Un billet pour celles et ceux qui appréhendent la crise tant annoncée pour la quarantaine... j'imagine que, oui, elle doit être rude si on n'assume pas sa vie, ses décisions, ses orientations... bref si on n'a pas réalisé quelques étapes essentielles... mais sinon et bien tout va bien !
Ah oui j'allais oublier une chose : je sais ce que je veux... et c'est primordial !

7- Quel est le secret des couples qui durent (et qui s'aiment) ?

C'est un sujet récurrent pour les magazines,
Et une question facile à tous les couples qui affichent 20 ans au compteur de leur histoire, et parfois davantage...

Comment fait-on pour s'aimer si longtemps ?
Comment fait-on pour y croire tant d'années ?
Deux personnes différentes, deux personnalités, deux caractères, deux familles, deux histoires, comment tout ceci peut ne faire qu'un tant d'années ?
Y a-t-il vraiment un secret ou pas...

Est-ce la bonne combinaison de ces deux personnes ? Ou la vie qui veut ça ?
Peut-on y mettre du sien et changer le quotidien pour le rendre plus glamour ou pas ?
Je fais partie de celles qui croient qu'on peut s'aimer longtemps... qu'on peut admirer longtemps, qu'on peut susciter le désir de l'autre longtemps... mais je crois aussi qu'on doit y mettre du sien !

Des petites touches, de grandes choses, des réflexions, des remises en question...
Il y a tellement d'étapes dans la vie d'un couple...
Moi je ne crois pas au collé-serré (mais ce n'est que moi), je crois en la confiance, au respect... et ça c'est essentiel !

Je ne crois pas aux mensonges, aux trahisons, j'ai besoin d'admirer l'homme qui partage ma vie... croire en lui, en nous...
J'aime la complicité, les petites attentions, ces détails qui n'appartiennent qu'au couple... j'aime tant de chose dans le couple, sa force, son pouvoir, sa douceur, son cocoon... la

sécurité qu'il apporte et l'impulsivité qu'il dégage aussi...

Je n'ai de leçon à donner à personne, j'aime depuis 14 ans comme si je venais de le rencontrer, mais je sais aussi que tout peut s'arrêter si vite... alors j'aime pleinement comme si demain je ne serai plus !

Je crois qu'il ne faut jamais perdre de vue que rien n'est jamais acquis, qu'on aime l'autre pour ce qu'il est quand on le rencontre pas pour ce qu'on aimerait qu'il devienne, qu'on a tous des défauts, qu'on peut certes s'améliorer mais changer fondamentalement ça va être dur...

Que donner est aussi fort que recevoir, qu'il fait savoir ne rien attendre et se réjouir de la moindre attention...

8- Dois-je rire ou pleurer ?

En ce moment je ne suis pas si positive que d'hab.,
J'aimerai bien mais la vie m'inquiète...
J'en souffle des petits mots par ci, par-là,
Je suis désolée de voir la France s'enliser,
Etre tant à côté de la plaque,
Elle qui faisait jadis rêver les étrangers,
Même au niveau tourisme on en prend un coup sur la tête !

Les jeunes partent de plus en plus vers des contrées plus exotiques,
Où l'herbe est plus fraîche,
Les gens plus souriants, l'économie plus florissante...
La France n'a plus cette aura,
Les français sont mal vus...

Heureusement on a encore notre gastronomie qui fait rêver,
Et la mode un peu aussi...
On dirait que tout dégringole comme un château de carte,
Faut dire que le châtelain n'inspire pas confiance,
Et là croyez-moi lorsqu'on me dit, *"j'ai voté pour lui mais je suis déçue !"*
Où j'ai voté pour lui par défaut,
Je fulmine...

Comment peut-on à ce point sacrifier son pays ?
Personnellement je n'ai jamais regretté un vote...
Quand je vois (parce que je ne la lis plus) les unes de la presse actuelle,

Titrer sans amertume "Hollande pépère"... et je t'en passe,
Celle-là même qui la PORTE au pouvoir hier,
Beurk !... j'en ai la nausée,
Quand je vois la gauche molle aujourd'hui hier si agressive,
Faire profil bas face à la situation actuelle,
Face à un gouvernement qui amuse la galerie,
Face à une économie qui prend l'eau...

Face à un taux de chômage qui ne cesse d'augmenter !
Je crois que je pourrai écrire ma déception, ma colère, ma tristesse surtout, jusqu'à demain...
Mais à quoi bon...
Bien sûr qu'on fait son propre bonheur,
Et pour ça, croyez moi je n'attends personne,

Néanmoins la conjoncture économique on se la prend de plein fouet dans la figure,
Et l'avenir de ce pays est aussi celui de nos enfants,
Qu'on le veuille ou pas !
Ça fait du bien de l'écrire,

Mai 13

1- Quel adulte tu deviendras mon enfant ?

Je me demande parfois comment ils seront adultes,
Oh non rassure toi, je n'ai pas hâte qu'ils grandissent,
Mais je suis curieuse de savoir si leur caractère d'aujourd'hui, leur goût, leur façon d'être, leurs intérêts, leurs activités vont faire les adultes qu'ils deviendront...

Sans doute que oui... Peut-être que non...
On dit bien que l'enfance est fondamentale pour l'adulte qu'on deviendra,
On dit bien que l'enfance est ce formidable cocoon où l'on se réfugie parfois pour puiser quelque chose, de rassurant ou autre...

Mais l'enfance n'est pas tout...il y a tellement de choses dans la vie qui forment la femme/l'homme qu'on devient !
A commencer par les rencontres, les personnages que l'on croise ou que l'on côtoie, les événements aussi malheureux ou joyeux qui bercent ces années-là... et tellement de choses encore !

Alors j'essaye de me souvenir, Je creuse dans ma mémoire, je pose des questions, Est ce que l'enfant que j'étais pouvait laisser apercevoir l'adulte que je suis devenue ?
Oui, mes goûts ont évolué mais j'aime toujours autant la pizza et la tarte au citron,
Oui, mon allure a changé mais je suis toujours la plus grande, celle dont les pantalons sont toujours un peu courts !

Oui, mes activités se sont modifiées, mais j'ai toujours le nez dans un livre...
J'étais bavarde, d'ailleurs on me collait "parfois" du scotch sur la bouche, je le suis toujours même si je sais aujourd'hui modérer "parfois" cette parole...

J'étais me semble-t-il plus nonchalante qu'aujourd'hui, plus rêveuse aussi même si je cherche dans l'inspiration cette part de rêve qui m'habitait... la société a fait son boulot, le temps m'a rattrapé aussi !

J'étais plutôt "garçon manqué" avec une fâcheuse habitude de revenir de l'école les pantalons "trop" usés aux genoux, je porte les cheveux courts mais je me maquille et m'habille aussi en jupe et robe... mais je ne suis pas "fifille" c'est sûr !

J'aimais faire la course avec les garçons, faire du "vélo cross", du skate, du roller, de l'escalade...j'avais plus de Big Jim que de Barbie mais j'avais quand même des poupées, je jouais à la dinette... bref j'assumais parfaitement cet équilibre féminin/masculin... aujourd'hui je fais beaucoup de choses mais j'aime avoir un homme qui assument aussi... bref cet équilibre est toujours présent... il n'y a pas de taches exclusivement réservées aux femmes ou aux hommes !

J'aimais déjà écrire, découper, coller dans de jolis carnets, cahiers, classeurs... je fais toujours la même chose mais sur mon blog !

Bref je regarde souvent mes enfants en me posant cette question de l'évolution, peut être que lorsque je serai mamie je serai toujours blogueuse et je pourrai te raconter cette évolution,

2- Si mes parents n'avaient pas divorcé

Mes parents ont divorcé j'avais à peine deux ans,
Donc je ne me souviens de rien...
Du plus loin que je me souvienne mon père arrivait pour me voir,
Et puis un jour je suis partie en vacances l'été chez lui et sa nouvelle famille,

Il habitait le centre de la France et j'ai passé de très belles vacances,
Mais je ne sais même pas si un jour on m'a expliqué que mes parents avaient divorcé,

Je ne me souviens que de jolis moments passés,

J'ai grandi dans un environnement parfait, mon beau père est devenu mon père, par sa présence, sa gentillesse, sa parole, ... il était là et je ne lui ai jamais dit "tu n'es pas mon père !"...j'ai toujours respecté ce qu'il me disait... il a toujours été là d'ailleurs...dans les mauvais et les bons moments... et même les meilleurs !

La vie s'est déroulée et j'ai été heureuse à chaque étape de ma vie, même lorsque j'ai pris le large de celui qui était mon "vrai" père... je n'ai jamais pleuré, j'ai été contrariée, parfois très en colère mais c'est tout...

Et puis 14 ans après j'ai décidé de le retrouver... et croyez-moi aujourd'hui je ne regrette pas ce choix...

Encore moins lorsque jeudi dernier j'avais autour de la table, ma mère, mes pères, sa nouvelle femme... le tout dans la bonne humeur et la joie de se retrouver ou de se rencontrer !

L'autre jour je me suis surprise à me demander ce que je serai devenue si mes parents n'avaient pas divorcé... lorsque ça arrive si petite comme ce fut le cas pour moi, la vie prend toute de suite une tournure différente...
Pas vraiment de rupture finalement dans la vie...

Pourtant je serai peut être différente, je vivrai peut être ailleurs qui sait !...
C'est curieux quand même la vie, cette formidable aventure qu'on choisit malgré tout... ses chemins, ses autoroutes parfois, ses obstacles, ses sentiers, ses boulevards, ses coins fleuris, beaucoup plus sombres aussi quelque fois !

Eux même ne se sont peut-être jamais posé cette question-là... tellement la vie les a finalement conduits loin de cette période courte et intense qui les a liés !

Et moi non plus je ne me la suis jamais posée jusqu'à aujourd'hui, c'est amusant de laisser vagabonder son imagination !

3- 10 excuses pour passer du temps sur mon blog

J'ai cru comprendre dans les commentaires de ce <u>billet</u>,
Que certaines personnes avaient besoin d'une "bonne" excuse pour écrire sur leur blog,

Parce qu'entre la famille et le travail,
On est parfois à l'étroit,
Et c'est les loisirs qui sautent...

Zut moi je tente de faire de la résistance, parce que le plaisir dans la vie c'est important, non ?

Du coup j'ai listé 10 bonnes excuses à servir si on vous reproche d'avoir un blog/d'y accorder trop de temps... à adapter selon les circonstances :

- Ecrire me fait du bien,
Sinon 1- je suis irritable,
     2- je prends un psy,
- Partager me permet de me sentir moins isolée,
– Faire quelque chose qui me plait me permet de vivre mieux les difficultés de la vie,
–

– Je vois que je ne suis pas la seule à vouloir perdre trois kilos/ à avoir un enfant capricieux / un mari égoïste / a chercher une recette de tarte au citron (au choix !)

– Je suis rapidement au courant des tendances, livres / fringues / maquillage / déco / cuisine etc...

- Je rencontre des personnes exceptionnelles / d'autres moins mais j'ai une vie sociale épanouie et ça fait du bien

- J'apprends tous les jours et c'est loin d'être fini (vu d'où je pars techniquement...) et apprendre fait partie de moi

- J'ai des objectifs et c'est important d'avoir des projets motivants dans la vie,

-J'affirme ce que je pense, je tape sur la table, je revendique mon opinion, j'écris, je défends, je déplore, bref je suis libre (et c'est tellement bon !) c'est MON espace... j'accepte et refuse CE que je veux !

-et si comme moi tu vis des événements magiques et /ou tu testes des produits toujours différents et intéressants) et bien fais en profiter toute ta famille, comme ça ils n'auront rien à te reprocher... Le blog n'est pas un joujou égoïste ! Et toc...

Et si tu as d'autres arguments, ils sont les bienvenus...
Le blog n'est pas négociable, il fait partie de ma vie jusqu'à ce que j'en ai marre ou pas !
(heureusement personne ne me l'a encore reproché, mais au cas où !)

4- Comme si je pouvais encore te surprendre

Je crois t'avoir tellement parlé de moi,
Je crois avoir tellement raconté de choses,
Tellement répondu à des tags etc...
Que lorsque Maud m'a dit "*allez réponds à mes questions*"... je me suis dit "ahhhhhhh..."

Mais parce que c'est elle, je n'ai pas terminé ma phrase et je m'y colle avec plaisir,
Je vais cependant tenter d'être originale dans mes réponses,
11 choses sur moi,

Soit, je suis capable de me mettre à genou par terre pour saluer un BEL escargot sur le chemin du travail,

J'ai avoué à mes enfants que j'avais déjà dansé sur une table sans pour autant avoir bu, ni avoir eu recours à autre chose qu'à ma folie personnelle,

Je ne mange jamais de Magnum, je n'aime pas ça, ma chef a ouvert de grands yeux comme si j'arrivais d'une autre planète lorsque je lui ai avoué !
Je ne sucre pas mon café mais mon thé oui !
J'ai lu les trois tomes de 50 shades of Grey et j'aurai bien lu un quatrième... c'est grave docteur ?
Je ne suis pas capable de répondre à la question "Quelle est ta couleur préférée ?"
Ne me demande pas où je serai dans un mois, je ne le sais pas moi-même !
Je chausse du 41 italien ça c'est ma version politiquement correcte parce que sinon je dois frôler les 43 !!!

Et je suis heureuse quand on me dit mais non on ne dirait pas que tu as de grands pieds... faut-il préciser que je mesure 1,81 m !

Je suis satisfaite que lorsque je me sens "presque" débordée, une espèce de sentiment d'exister et de vivre pleinement m'envahis !

Je suis capable d'enchainer 3 livres dans la semaine et de ne plus en toucher un d'un mois !

Bref...

Et répondre à ses questions :

1 Café, thé ou chocolat ? *Café le matin, thé l'après-midi, chocolat après le ski... ça va comme ça !!!!!????*

2 Mer, campagne ou montage? *Montagne, montagne et montagne toujours...* mer *aussi et campagne le* week end *! Faut-il toujours choisir ?*

3 Quel est le dernier voyage que tu aies fait? (France ou étranger) *Dans le Lubéron à 1h de chez moi ça compte ?... parce que pour moi c'étaient les vacances, pas besoin d'aller toujours très loin !*

4 Des enfants ? Si oui combien... *3 mais ça tout le monde le sait, non ?*

5 Dans quoi bosses tu ? *Communication numérique, social média manager pour 7 médiathèques*

6 Dans quelle ville vis-tu ? *Miramas (13)*

7 Ton bijou préféré ? *Mes bagues*

8 Collectionnes tu quelque chose ? *Le bonheur*

9 *Ta fleur préférée ? Pivoine, violette, lilas, tournesol, tulipe, rose... ah une ???*

10 Avais tu vu que j'avais mis 2 numéros 5 dans mon questionnaire? (soit honnête hein) *OUI* (toujours honnête)

11 Douche ou bain ? *Douche tous les jours, bain les grandes occasions*

Bon et bien j'espère t'avoir encore un peu surprise,

5- Où il y a des contraintes, il n'y a pas de plaisir

Dans la vie de tous les jours, on passe une large partie de la journée à faire attention,
A ce qu'on dit, ce qu'on fait, à ce qu'on écrit, comment on se tient, les autres, les siens,
Bref la liberté n'existe que dans les rêves,

La société est casée et même lorsqu'on n'aime pas les jugements hâtifs,
On se retrouve par la force des choses à faire attention...
Du coup sur mon blog, c'est la liberté absolue,
J'écris ce que j'aime sans contrainte,
Et quand je n'aime pas et bien tant pis, je le dis clairement, il n'y aura pas de place ici !

Ce blog c'est ma liberté d'expression,
C'est moi, sans contrainte et libre de vivre,
La vie que j'aime, celle du printemps,
Passionnée et légère,
Quand on aime, on ne compte pas,
Quand on aime, on est heureux et on profite...

Parce que demain sera un autre jour...
Je reconnais que ce vent à moi plait assez souvent, parfois non et bien tant pis...
Qui m'aime me suit...

Je suis comme ça, et plus le temps passe moins j'ai envie de me faire embêter,
Ceux qui parlent dans mon dos, Perdent leur temps, je ne m'en soucis pas...

Sur mon blog pas de case, une ligne éditoriale qui me ressemble,

Heureuse, joyeuse, pétillante, ce que j'aime et rien d'autre :
Merci à ceux qui me font confiance et me demande d'écrire pour eux,
Merci à ceux qui m'invitent pour vivre des moments innoubliables,
Merci à ceux qui remplissent ma bal de surprises,
Merci à ceux qui me lisent, me commentent et remplissent mon blog de petits mots que je n'oublierai jamais...
Merci la vie !

6- Rester jeune c'est dans la tête

Est-ce parce qu'à Nice, j'ai vu des skateurs partout,
Des Vans aux pieds,
Du fluo, des cheveux longs, des jeans troués...
Que j'ai raconté à mes enfants que moi aussi je savais faire du skate board,

Que les plus grands l'ont inscrit sur leur wish list d'anniversaire,
Soudain j'ai eu 17 ans, cette période où je ne me déplaçais qu'en Skate,
Où le bruit dans la rue me signifiait qu'il rentrait chez lui,
Cette joyeuse enfance,
Celle de l'insouciance...

J'ai eu envie de monter sur un skate,
Musique dans les oreilles,
Me balader sur la promenade des anglais,
Ressentir le vent dans le visage,
Retrouver des sensations,
Se dire qu'après tout vieillir c'est dans la tête,
Moi je m'accorde plein de fantaisie,

Comme si j'avais toujours la même légèreté,
Toujours la même idéologie,
Ce sentiment curieux que la vie m'éblouit encore,
Même si elle me marque tous les jours un peu plus,
Conserver des étoiles dans la tête,
Celles qui brillent dans les yeux et le ciel,

Conserver une part de jeunesse,
Un grain de folie,

Je me suis dit qu'il ne pouvait pas ignorer cette tendance "skate" revival,
Quoi qu'il fasse, quoi qu'il vive...
Je me suis demandé s'il pensait alors à cette mode qui revenait,
Quelques 20 années plus tard,

S'il était encore capable aujourd'hui de monter sur un skate,
S'il avait su conserver une part de jeunesse,
Ou s'il s'était laissé envahir par la vie...

Moi j'aime garder l'envie, l'esprit, un peu de folie...
Ces moments que je partage avec mes kids
Rosalie m'a d'ailleurs dit "le skate, pour mon anniv, je le demande à toi maman... parce que tu en as eu un, tu sais comment ça fait d'en avoir envie..."

T'as tout compris ma chérie... et crois-moi, tu vas l'avoir ton skate...
Mais ça elle ne le sait pas encore !
Un peu de suspens quand même...
Et toi tu as su conserver cette part de jeunesse en toi ?

7- Mes bonnes adresses hôtels/hébergements

J'ai toujours pensé qu'il ne suffisait pas de partir loin pour se sentir en vacances et dépaysé,
J'en suis l'exemple même,
J'ai la chance de pouvoir tester de très beaux établissements, Parfois à 1h de mon domicile,
Deux jours après j'ai l'impression d'être partie plusieurs jours en vacances,
Un état d'esprit ? Peut-être la facilité d'apprécier les choses à leur juste valeur,

Un lieu, un met, une rencontre, des échanges et me voilà transporté !
Tu le sais entre [Fais-toi la belle](#) et [ici même](#), j'ai l'habitude de te parler voyages, évasion, bonnes adresses...

Si les années précédentes, je bouclais rapidement ma valise pour un voyage presque au pied levé, du moment que mes enfants étaient dans de bonnes mains,
Evidemment depuis début janvier que je pointe tous les matins à mon job, je n'ai plus autant de liberté,

J'ai donc orienté mon blog vers l'hôtellerie, Tu me diras, je ne me suis pas faite prier,
Tu connais sans doute mon penchant certains pour les beaux hôtels,
Je crois même t'avoir confié que lorsque j'entre dans une chambre il ne me faut pas plus de quelques minutes pour me sentir chez moi,
Je m'approprie rapidement les lieux,

Pour l'occasion et parce que j'ai quelques projets à venir,
J'ai créé cet espace dédié : http://mesbonnesadresses.tumblr.com/ si tu cherches un lieu

d'hébergement,

Il y aura une large majorité d'adresses en Provence,

Mais aussi quelques adresses ailleurs, en France et à l'étranger aussi, sait-on jamais...

Il te suffira de cliquer sur le lien de celui qui pourrait correspondre à tes envies du moment et tu tomberas sur mon billet d'humeur à son sujet,

Je te propose également un city guide, entre activités et adresses pour te restaurer, des astuces de voyageurs aussi,

Et bien entendu plein d'autres moments d'évasion sur Fais-toi la belle,

A ta disposition si tu as besoin d'autres informations au sujet de ces endroits,

8- Le verre à moitié plein

Parfois j'aimerai oublier que la société est une source infinie d'inquiétude pour moi en ce moment,
Que lorsque je commence à en parler, je n'arrête plus de me soucier,
Que lorsque j'assiste à une conférence dans le cadre de mon job comme celle de la semaine dernière par Bruno Parmentier sur l'avenir de notre humanité concernant la bouffe, l'eau, l'agriculture, je fais des cauchemars ensuite,

Quand je regarde comme dimanche soir Les 20 ans de Zone Interdite, sur l'évolution et surtout les dérives de notre monde, je fais des tirades le lendemain au boulot,
Bref parfois je n'ai envie que de vie en rose,
Envie de regarder mes enfants grandir, jouer, apprendre, découvrir, les accompagner, leur tenir la main, profiter des gens que j'aime, me blottir dans ses bras, voyager, rencontrer de belles personnes, voir de beaux paysages, rêver le monde comme si tout était encore possible...

Comme si on pouvait encore espérer changer les mauvais en gentils, trouver du travail pour tous, voir les gens sourire, arrêter de se plaindre, danser et profiter pleinement de ce que veut dire vivre !

Comme si on pouvait redonner aux gens l'envie de se lever, envie de rêver, envie de réaliser des projets,
Comme si on pouvait encore croire aux vertus de ceux qui décident, avoir confiance aux dirigeants, penser que les quelques dérives ne nuiront pas à notre pays,
Qu'en grattant on y arrivera, que demain la vie sera encore belle et la société encore à construire...

Parfois j'oublie tout ceci et profite pleinement de cet instant qui m'est donné de vivre,
Je pense aux belles choses, à ce quotidien qui m'est donné d'espérer,
Mais de plus en plus j'ai peur de perdre ma légendaire bonne humeur, peur de perdre cette foi en la vie, ce moteur qui est en moi,
Il me suffit d'écouter les JT, de lire quelques tweets, de voir la médisance, de lire les critiques...de recevoir de mauvaises nouvelles, ...

Je suis de plus en plus confrontée à la réalité alors que j'aimerai qu'on me foute la paix, qu'on m'oublie, qu'on me laisse aller et venir au soleil avec mes enfants près de moi, regarder l'homme à nos côtés,
J'aimerai oublier que le monde extérieur est de plus en plus violent,
Qu'il vaut mieux un petit chez soi qu'un grand chez les autres !
Que pour vivre heureux, mieux vaut vivre caché !

Parfois j'ai envie de ne plus rien faire, de ne plus me connecter aux réseaux sociaux... d'ailleurs je ne twitte que de jolies choses... j'en ai marre des refrains sur le mariage pour tous, des cancans sur les uns et les autres... j'en ai marre de voir partout les gens se cracher à la figures... rancœurs, difficultés et jalousies...

Parfois j'aimerai oublier que toutes ses disputes politiques, toutes ces méchancetés à droite comme à gauche... ne conduisent qu'à faire grossir les extrêmes... que les gens ne voient rien venir et pourtant !
Il suffit d'ouvrir ses yeux et ses oreilles pour voir que nous ne sommes pas au bout de nos surprises...
Je me contente d'exister et d'aimer, de publier de jolis reportages, de vivre de belles expériences, d'apporter à mes enfants de quoi ce faire une opinion... suffisamment d'esprit, de culture pour un jour se faire une idée...

Je suis bien loin du tumulte, j'aimerai d'ailleurs en être encore plus éloignée...

Peut-être pour ça que je suis bien là, dans ce <u>tableau</u> de photos où l'on ne trouve que le plus beau du monde entier... où l'on ne prend pas le risque de lire...

Peut-être aussi pour ça que je ne lis que des blogs où les mots me séduisent, où les photos me transportent, où l'autre me fait voyager, histoire de vivre un bon moment...

Coûte que coûte, je garde le sourire, le verbe haut... je vous promets de jolies découvertes... je vous promets des billets qui changent du quotidien morose... et c'est même pour ça que je vous envoie tous les jours des sourires et des bisous, que je vous souhaite du soleil et de belles journées...

Parfois je pense tristement de la société, parfois je conserve l'envie de danser sur la vie !

Juin 13

1- Ma vie de blogueuse en Provence

Oui je vis dans le sud-est,
Non, pas tout le monde est au courant,
Je reçois tous les jours des invitations où l'on ne précise même pas que c'est à Paris,

C'est tellement évident pour ceux qui les envoient,
Et presque je m'excuse de ne pas vivre à Paris et honorer l'invitation...
Depuis plus de 5 ans que je blogue,

Je suis venue tellement de fois à Paris vivre des événements exceptionnels,
Et aujourd'hui encore quand mon emploi du temps me le permet,
Au fil des années, j'ai vu les choses sensiblement évoluer,
Enfin vraiment sensiblement,
Puisque depuis le début de l'année j'ai quand même été invitée à quelques événements dans le sud, ,

Je me dis tout le temps, il y a tant à faire,... quand je suis à Nice par exemple et que je constate que rien ne se fait pour les blogueurs, et si peu à Marseille finalement même avec un événement comme MP13,
Je ne te parle même pas d'Aix en Provence, d'Avignon etc...

Personnellement depuis début 2012, je suis consultante en stratégie digitale,
J'ai conseillé sur l'organisation d'événements blogueurs, notamment dans le tourisme, les voyages,
Et désormais je continue mon chemin, j'oriente mes reportages dans la région grand sud est,

J'aime l'hôtellerie, je trouve que la passion anime souvent les gens qui tiennent des établissements,
Et j'ai décidé de vous faire part de mes découvertes, de **mes bonnes adresses**,
Après tout les blogs servent si bien à véhiculer les messages,
Si je peux servir les établissements où je me sens bien,
Je les accompagne volontiers dans un marketing viral,
Je les conseille pour élargir leur visibilité sur la toile,

Je mets mon expérience au profit de ce que j'aime aujourd'hui et qui est devenu mon métier, le management des réseaux sociaux,
Je vous invite à visiter mon trumblr dédié, qui reprend mes visites, des hôtels, des hébergements et quelques bonnes tables,
Ma vie de blogueuse dans le sud-est désormais bien organisée,
Et finalement tellement active,
J'espère que les événements blogueurs ne seront plus rares dans le sud dans quelques temps,
En tous les cas si vous êtes demandeurs,
Je me rends disponible, dans l'intérêt de la vie régionale,

2- Ce que je sais à 41 ans

Il m'aura fallu ces 40 ans pour atteindre une vraie sérénité,
Je n'ai plus de scrupules vis à vis de certaines situations, j'assume,
Je n'ai aucun regret, j'avance,

Je n'ai pas de rancœur, ni d'animosité..., j'ignore...
J'ai fait la paix avec mon corps,
Je sais comment me mettre en valeur, mais je ne désespère pas de faire mieux...
Je connais mes défauts, mes qualités et envisage encore de m'améliorer,
J'ai encore tellement de choses à apprendre, à découvrir...
Je sais exactement ce que je veux dans la vie et surtout ce que je ne veux pas !
Je n'attends rien des gens, je profite du meilleur...
Je ne juge pas les gens, on ne sait pas ce que l'avenir nous réserve, surtout lorsqu'on est maman,

Je pense toujours ce que je dis même si je mets les formes, je le dis !
J'accepte les gens que j'aime comme ils sont, mais je tends aussi des perches pour tenter de les faire avancer quand c'est possible,

Je suis consciente plus que jamais du temps qui passe et de la fragilité de la vie, je multiplie avec les gens que j'aime des instants de bonheur,
Il parait que c'est la décennie de la sagesse, je ne sais pas mais j'y suis bien, j'y reste !

Je suis heureuse, je l'assume... pas question de se laisser pourrir le moral par l'agressivité, la jalousie, la morosité, le mauvais temps, les gens mal lunés, les mauvais, les nuls, les Kékes (ben c'est dans le dico, non ?),

J'ai des valeurs, une vraie philosophie de la vie, des priorités... j'ai appris de mes expériences,

Tirer des leçons sur les années passées, c'est aussi ça cheminer vers le meilleur...

Croire en son étoile, faire confiance en son destin, se fier à son intuition !
Tout ceci pour rassurer les copines (qui se reconnaîtront) et les autres qui approchent la quarantaine...celles qui se cherchent, qui flippent etc... 40 ans, c'est la vie !... et 41 alors ?

3- Est ce que les enfants parfaits existent

Parfois je me dis que les enfants parfaits existent mais pas chez moi !
Parfois je suis épuisée de leur répéter toujours les mêmes choses, rabâcher les mêmes valeurs, inlassablement leur rappeler les règles de politesse,

Parfois je me dis que les chambres rangées existent surement ailleurs,
Les boites de jeux si bien organisées, où un playmobil ne rencontre pas un légo,

Parfois par exemple je crois qu'ailleurs les parents ne désespèrent jamais,
Qu'ils n'ont pas besoin de s'énerver dès le matin pour que tous les enfants enfilent leurs chaussures, leur veste, prennent leur cartable et s'activent sans qu'on leur demande !
J'ai l'impression qu'il n'y a que les miens qui oublient leur veste, qui perdent leur carte de cantine, qui froissent leurs cahiers, qui perdent leur tube de colle,...

Il n'y a que moi qui m'énerve pour qu'ils se brossent les dents, se coiffent, se lavent le visage, qu'il n'y a que moi qui arrive le matin épuisée au boulot et qui ait l'impression d'avoir déjà fait une journée,
J'ai l'impression qu'il n'y a que les miens (et il en manque encore une) qui ont eu des difficultés pour apprendre à lire, qui n'ont pas été propres nuit & jour à 2 ans, qui bougent dans tous les sens, qui se chamaillent pour un ballon comme s'il était question de vie et de mort...

Parfois je me dis que les enfants parfaits existent mais comment font les parents... parce que moi je n'ai pas la réponse...
Parfois je suis épuisée, je n'ai plus envie de me battre,
Et puis je reprends des forces et c'est reparti...

Certes parfois c'est plus facile que d'autre, parfois ils sont même presque parfaits... et puis les périodes se succèdent,

Parfois je me dis que c'est parce qu'ils sont trois et que le mauvais exemple est plus facile a prendre que le bon...
Parfois aussi je me dis que chez tout le monde c'est pareil...

Et que finalement personne n'est parfait et chez les enfants c'est pareil !

4- Les 50 comptes twitter à suivre, ma sélection

Certes je suis abonnée à 1100 comptes, ma TL ressemble parfois à une joyeuse cours de récréation,
A part lorsque l'actualité est chaude et que les débats sont tendus,
J'y passe toujours de bons moments,

C'est vrai qu'il y a des sujets qu'il vaut mieux éviter mais je reconnais qu'il y a un respect des idées mutuels que j'apprécie de mieux en mieux d'ailleurs,
Il y a dans mes TL des gens de tous les bords politiques,
Quelques personnalités connues,

Beaucoup de toi & moi qui twittons par passion du mot, du partage, de l'échange,

Le matin on se dit "bonjour", on cause soleil, météo, début de journée,
Puis les choses deviennent sérieuses, ça bosse... beaucoup de curation sur des thèmes que j'aime et qui sont utiles pour mes blogs,
La soirée se détend en fonction des programmes TV, j'avoue je décroche souvent le soir, à moins d'échanger sur un sujet particulier avec quelques-uns !

J'ai eu une période Live Tweet des émissions avec les copines, mais je ne regarde plus trop la télévision du coup j'ai abandonné un peu ces moments-là !

Cette liste n'est pas exhaustive, ... elle varie selon les moments, mais souvent s'enrichit...
Qui sait si dans quelques mois, je ne t'en proposerai pas une autre...
En tous les cas à ce jour... ils sont ceux dont je ne pourrai pas me passer dans ma TL :

Si je ne devais en suivre que 50 ça serait ceux-là...

@elisafn elle tweette en français, parfois aussi en espagnol, elle vit en argentine, elle est tellement agréable !

@lexpress_styles parce qu'il le magazine féminin en ligne que je visite tous les jours

@celinemory & @natcordeaux deux lady du sud que j'apprécie particulièrement / elles assurent !

@DSirmtcom une source d'information à lui tout seul et un twittos énorme de gentillesse

@silencioHotels parce qu'eux comme moi on aime les beaux hôtels

@franckconfino pour ses tweets sur les collectivités

@MPchoco parce que c'est elle et que j'aime lire son blog aussi

@nice_matin parce que !

@desfraisesetc parce que c'est lui, gentillesse, fraise et saucisson

@thibauddeletraz j'apprécie sa veille quotidienne

@edsheldee pour son sens du verbe et ses conseils justes

@santelog média 2.0 sur la santé

@mamoure_ pour sa gentillesse essentiellement et tout le reste aussi

@docarnica j'adore son punch, sa présence, sa bonne humeur

@mariemarchi pour sa veille sur l'actualité de ma région PACA

@voltairethedog suivre un chien qui twitte finement et dans le monde entier

@libelul son blog, son talent, ses tweets...elle quoi !

@camj59 sa veille, ses tweets tout simplement

@webcoupdoeil sa veille sur le web marketing

@vagabondes tourisme, hôtels, voyages, blogueuse

@sophieReynal a happy woman et j'ai pas tout dit !

@infotourism pour toutes l'actualité du tourisme en France
@martineper pour sa culture culinaire et ses références
@regionAuvergne parce que j'aime la région mais aussi sa présence sur les réseaux sociaux
@eleganciahotels parce que je suis fan de leurs hôtels
@jegoun un blogueur politique influent, mon pote !

@ladyblogue j'aime sa plume
@najett2france ses tweets déjantés souvent mais jamais déplacés, son enthousiasme aussi !
@frogita elle tweete avec bonne humeur, course à pied, voyage, la vie quoi !

@laurentNetTweet parce que j'aime ses tweets décalés, toujours à l'ouest !!!
@croquezaza c'est elle quoi ! fille du sud, maman et blogueuse
@juju_and_co blogueuse, maman, communication marketing
@minijupe69 la nature et les tartes au citron, je kiffe !

@nuagedelexou elle est radieuse, joyeuse, maman et blogueuse
@laminutedeco elle tweete déco avec des belles idées
@mwyl un caractère de pitbull et une tête de hareng, si si c'est possible, j'adore !

@magaliiiib ma cops du sud
@marionBerrebiz j'aime les tweets dynamiques
@100driiine voyages surtout mais pas que... blogueuse et sympathique en plus ::
@alpesprovence04 parce que j'aime ce département
@akgwen pour causer voyages, c'est son métier
@scheherazed c'est ma petite chouchoute de l'autre côté de la méditerranée

@s_favereaux tweets précis, placés, intéressants !
@dailyElle pour ses touches de mode quotidienne
@trendymood elle cause mode, beauté et j'aime ça
@hellocoton pour suivre l'actu du média et savoir quand la une est prête
@chanPerco pour ses choix, marketing, digital
@SmartBento sa perception du web marketing
@faistoilabelle parce que j'y parle voyages / évasion et que je viens tout juste de le créer, j'ai besoin de vous pour le faire vivre !

5- Complicité mère-fille

L'autre jour je ne bossais pas,
J'avais prévu une escapade aixoise avec ma mère,
Quelques boutiques, quelques flâneries dans les rues, quelques photos plus tard,
On s'installe en terrasse,
On déguste et on papote...
J'ai passé une excellente journée, d'autant qu'on l'a prolongée à Marseille au Pavillon M toutes les deux,
La veille alors que je baignais Rosalie, elle m'a dit pourquoi je ne viens pas avec vous promener à Aix ?

Je lui ai expliqué que lorsqu'elle serait grande on passera aussi des journées toutes les deux, comme moi avec "nounou"... (Je croise les doigts pour partager avec elle(s) d'ailleurs, comme je le fais moi-même avec ma mère),
Elle m'a répondu sans se démonter, mais demain je serai grande j'aurai 8 ans (veille de son anniversaire)... au oui c'est vrai ma chérie !!!
Bref, ces moments de complicité fille & mère,
Ces fous rires échangés dans une cabine d'essayage, la plus grande pour rentrer toutes les deux...

Les allers retour entre les rayons et la cabine à tour de rôle, et la tête des gens qui nous regardent faire...
Ces hauts qu'elle s'achète, ces hauts qu'elle me refile quelques jours plus tard, parce que non finalement une fois à la maison,
Ces foulards qu'on s'échange,
Ces baskets qu'elle a enfin trouvé, assez féminins pour elle, et que finalement elle ne

regrette pas (ouf parce que les chaussures elle ne peut pas me les refiler !)
Ces discussions à bâton rompu de politique, de famille, d'amitié, de priorité, de projets ou pas !!!
Un dessert qu'on partage, deux cuillères et un café pour moi,
Quand elle tient mon sac parce que j'ai une photo à faire,
Quand je décroche pour elle au téléphone et que je me fais passer pour elle, parce qu'au téléphone on a la même voix (même les proches n'y voient que du feu !)

Quand on refait la vie, la ville, les rêves et le monde... tant qu'on y est !
Quand on partage aussi les bons plans, ce qu'elle lit dans les magazines et ce que j'en ai vu... (sur le même magazine quand même... on ne lit jamais les mêmes choses !)
Quand elle m'envoie des liens d'articles le soir dans son lit sur des thèmes qui m'intéressent,
Et que je lui envoie des photos piochées sur pinterest de déco de terrasse quand elle veut refaire son jardin !

Alors évidemment que je rêve de partager tout ça avec Rosalie et Violette... quand déjà on partage tellement... quand sous les yeux de mes filles je suis belle ou pas vraiment avec cette jupe/pantalon/...quand Violette me réclame que je lui change de vernis aux ongles alors que je n'ai pas le temps de me les faire moi-même !

Quand elles m'embrassent, me parlent de choses qui les préoccupent...
Quand on partage une chambre toutes les trois comme vendredi soir à l'hôtel Les Florêts !

Quand Violette veut à tout prix m'attacher mon soutien-gorge et mettre le sien à la plage, parce qu'elle n'aime pas montrer ses tétés, comme elle dit !

Quand je leur explique qu'il faut se protéger la peau du soleil et le soir se démaquiller, le pourquoi du comment... quand Violette s'assoie dans la salle de bain, histoire de ne rien manquer quand je me maquille !
Tous ces gestes de complicité...
Tous ces moments pour lesquels je rêvais d'avoir une fille...

6- j'ai survécu à une soirée sans smartphone

Je crois que c'est une première,
Oublier mon smartphone avant une soirée...
Et m'en rendre compte sur place,
Passer par les phases, colère, oh désespoir...
Comme s'il me manquait un truc dans les mains,
Pas pouvoir instagramer,
Partager avec vous le spectacle sur twitter !

Ça c'était le début de la soirée,
Quand je m'en suis rendue compte,
Je me suis même mise en colère parce que personne ne s'en était rendu compte autour de moi qu'il était resté sur la charge,
Alors que moi je pense à tout le monde...
Oups...

Et puis le réflexe dingue... et si on me cherchait en urgence,
Genre la famille... et si c'était un signe...
Quelques secondes de panique, parce que l'homme n'avait pas son téléphone non plus (mais chez lui c'est habituel)
Et là, la raison "et avant on faisait comment ?"
Soit, mais on n'est plus avant...

Donc il était temps que je profite pleinement de cette agréable soirée musicale, En plein air,
La chaleur était au rendez-vous, mes filles collées à moi... C'était bon, ça sentait les

vacances !

Après on a pique-niqué, Je ne pensais plus du tout à lui*

J'étais détendue... On a profité de cet agréable moment à la tombée de la nuit...

Les enfants jouaient, dansaient, chantaient !

Et puis on est rentré... Certes quelques sms m'attendaient, quelques mails aussi... Mais rien d'urgent, ni de grave...

J'ai donc survécu à ma soirée sans smartphone

De là à te dire que je vais recommencer, on ne va pas exagérer non plus !

7- C'est pour ça que j'écris

Parfois je ne sais pas ce que je vais te raconter,
Je regarde par la fenêtre,
Je lève le nez au plafond,
Je feuillette un magazine,
Je fais le tour des "top ten" d'hellocoton,
Je me balade,

Je câline mes filles,
J'écoute mon fils...
Je bois un café,
Grignote une douceur...
Je me perds sur Pinterest...
Je vis, je cherche l'inspiration...

Parfois je me dis, je leur ai déjà tout raconté... on a abordé là tous les sujets, on s'est tout dit... je ne vais pas rabâcher... à force je vais les saouler... Ils vont se lasser et me quitter...

C'est dingue, je suis toujours étonnée de lire le commentaire d'une personne nouvelle,

D'ailleurs j'ai reçu un si gentil message l'autre jour, qui me disait combien elle aimait ma plume, elle me remerciait de tous ces mots et précisait que grâce à moi elle venait d'ouvrir son blog...

J'ai trouvé cela adorable, de me l'écrire, de prendre le temps de le dire... dans ce monde qui va toujours plus vite où les compliments sont de plus en plus précieux...

Que je puisse donner envie d'ouvrir un blog est sans doute une des choses les plus touchantes que je puisse recevoir...

Naturellement j'aime inciter les gens à faire, à créer, à se lancer, à agir... parce que la vie sourit à ceux qui osent... bien sûr qu'il s'agit là uniquement de ma façon de penser, pas toujours partagée par tout le monde, parce que parfois je bouscule, je contrarie, je ne vais pas dans le sens attendu, je ne brosse pas toujours dans le bon sens... mais je suis toujours sincère et j'essaye toujours d'être juste... c'est déjà ça !

Alors quand on me dit avoir franchi une étape grâce à moi, je suis touchée...

Parfois à mon tour, je tourne les mots, me pose des questions... il suffit parfois juste de lire quelques lignes écrites avec simplicité et justesse, quelques mots reçus d'une inconnue pour savoir que j'aime ça, écrire, pour moi, pour vous, pour toutes celles qui attachent un sens au mot, à qui parfois je donne espoir, ou réflexion... ou simplement un peu de dépaysement...au travers un plat, un livre, un restaurant, une visite, un hôtel... faire rêver aussi... partager aussi ses interrogations, trouver des solutions, véhiculer des informations, des paroles, des idées...
C'est pour ça que j'écris !

8- Tu sais que tu es du sud quand

Quand tu emploies des expressions et que tu crois que tout le monde les connait :
- Chapacan,
- Degun,
- Bader... et j'en passe (si tu as besoin d'une traduction n'hésite surtout pas)
Au-dessus d'Avignon, tu considères que tu dépasses les frontières du sud... genre à Avignon il fait très froid !

Tu es tombé enfant dans une bassine d'huile d'olive, les capouns étaient le sandwiche de tes goûters (cherche pas, il n'y a que les anciens qui connaissent !)

On te dit souvent (et particulièrement au téléphone) que t'entendre parler c'est ça fait du bien, le soleil dans la voix,
Le mistral fait partie de ton paysage, tu es donc habitué aux arbres penchés...

Quand tu as grandi en entendant les sirènes des pompiers l'été et que tu connais par cœur toutes les mesures préventives des incendies dans les massifs forestiers de ta région,
Quand l'été tu pars à la montagne, parce que la mer tu la préfères en septembre quand il n'y a plus personne,

Quand tu aimes l'été déguster des tellines et que tu sais où les trouver d'ailleurs au lieu d'aller les acheter "un bras" chez le poissonnier,
Quand tu vis dehors une bonne partie de l'année, du petit déj au diner,
Quand tu arrives régulièrement en retard en prétextant le quart d'heure provençal,

Tu sais que tu es du sud quand résonne en toi le chant des cigales,

Quand ta cuisine sent l'aïoli, la bouillabaisse, le basilic, l'anchoïade, quand ta table est pleine de couleurs...

... et bien d'autres choses encore... les plus jolies, tu noteras, parce que le revers de la médaille, je le laisse pour d'autres,
Oui je suis du sud, je parle avec les mains, j'embrasse un peu trop facilement, je m'emporte parfois un peu trop vite, ... mais je ne suis pas égoïste, <u>j'aime partager cette belle région</u>...

Je t'ai préparé un billet où <u>voyager</u> en France avec quelques idées bien perso (mais pas que dans le sud d'ailleurs) et sinon pour te loger j'ai des adresses plus qu'essentielles : <u>mes bonnes adresses</u> !
Méfi, le soleil tape fort parfois, pense à te protéger !

9- C'est évident mais pas pour tout le monde

Que lorsque le mistral souffle à 100 km/h on ne porte pas de robe évasée,
Que lorsque je me lève le matin j'aime bien petit déjeuner en paix,
Que lorsque tu travailles tu ne portes pas de tong,
Que lorsque tu es maman tu ne te regardes pas le nombril,
Que le digital sera demain partout,

Que les journaux papiers sont en souffrance,
Que le rouge énerve,
Qu'on est de plus en plus nombreux, qu'il y a de plus en plus de voitures, moins en moins de place,
Qu'on évolue et heureusement,
Que je les aime plus que tout au monde
Que je préfère le vert au rouge, le rose au bleu, le noir au marron, le gris au beige,

Que je n'aime pas les indécis,
Que je ne suis pas patiente,
Que je préfère sourire que pleurer,
Que je préfère les hôtels au camping,
Que j'aime la montagne,
Que j'aime les fringues, le maquillage, les crèmes de beauté, les trucs de fille,

Que j'aimerai avoir davantage de temps pour moi,
Que j'aime les tartes au citron plus que n'importe quel dessert,
Qu'on ne porte pas de string à la plage sans passer pour une pouf,
Qu'il me faut 30 minutes pour faire une valise pour 4, l'homme étant autonome, je

m'occupe des kids et moi-même,

Qu'il faut se faire plaisir en écrivant pour tenir un blog,

Qu'il vaut mieux être organisée pour être maman et active professionnellement

Que je n'aime pas les menteurs, les tricheurs, l'injustice

Que je ne fais plus de politique localement,

Que j'aime la vie même si parfois je la trouve difficile !

Juillet 13

1- Faire une valise les doigts dans le nez

Si je vois fleurir plusieurs articles sur le sujet apparemment délicat de "comment faire une valise !"

Je me dis que ce n'est pas si facile que ça à priori,
Personnellement je n'ai jamais trouvé la tâche ardue,
Pourtant je ne pense pas qu'à moi, mon nombril, mes tenues, mes chaussures, mes trucs de fille,
Maman de trois enfants, je voyage presque exclusivement en famille,
Excepté quelques voyages blogueurs,
Quelques escapades amoureuses,
J'embarque mes kids et c'est ainsi que je suis la plus heureuse,
Tous les 5 en partance...

Faire une valise ne m'a jamais paru bien compliqué,
Question d'habitude naturellement,
Voici 10 points à ne pas négliger pour assurer une valise les doigts dans le nez :

1- Evaluer le volume de ton bagage en fonction de la destination, du mode de transport et surtout de la durée de tes vacances,

2- Avant de prévoir les tenues, s'assurer de la météo, je consulte toujours mon appli chaine météo

3- Chacun des kids a droit a son sac à dos, a l'intérieur cahiers de devoir / jouets & doudous

4- Une trousse de toilette de voyage toujours prête avec des échantillons (crèmes, sérums, shampoing...), brosses à dent de voyage, dentifrice aussi... j'ajoute seulement le complément !

5- Si tu pars au soleil ne pas zapper crème solaire / après solaire / lunettes et casquettes (kids) / bonnets de piscine selon les lieux ils sont obligatoires / méduses / serviettes / maillots

6- Les tenues c'est selon la destination et les impératifs (la montagne n'est pas la mer ou la campagne / un hôtel étoilé n'est pas un camping ni même un club de vacances), je vais donc avoir beaucoup de mal à te conseiller des tenues mais ne pas oublier une tenue pour la nuit, les sous vêtements, le maillot, toutes ces petites choses qu'on peut facilement oublier !

7- Si tu pars en avion, prévois un bagage avion avec une tenue et une trousse de toilette (produits échantillons) au cas où ta valise te fasse des tours (oui j'ai donné !!!)

8- Si tu voyages en voiture, prévoir des jeux pour occuper les kids pendant les voyages et si tes enfants craignent la voiture, des sacs en plastique dans les vides poches arrière et un torchon, bouteille d'eau pour ne pas être pris au dépourvu !

9- Ne pas oublier non plus les carnets de santé des kids & une trousse d'urgence (genre doliprane, smecta, aspégic...)

10- Et tout le matos des geeks-trotters, genre adaptateur prise courant, recharge batterie de l'appareil photo, lui-même, tablette etc...

Bon et bien ça devrait le faire... je la boucle tous les week-ends et en général, je n'oublie rien.

2- La liste de mes envies

Un voyage en id TGV, de retour de Paris,
Je flâne à la Fnac et achète "La Liste de mes envies" de Grégoire Delacourt
Il m'a suffi de 3h de voyage pour tomber amoureuse de l'écriture et du style de l'auteur.

Certes c'est fluide, j'avais l'impression de danser sur la vie,
D'écouter une mélodie du bonheur,
J'avais l'impression parfois d'utiliser les mêmes mots,
D'avoir la même philosophie,
D'aimer la vie de la même façon,
Est-ce reflet de ce que j'aime et cultive qui m'a fait tant l'aimer,
Je ne crois pas que ce soit tout... je crois surtout que j'ai aimé par-dessus tout...

La morale de l'histoire,
Privilégier le bonheur que l'on construit tout au long de sa vie, ce que l'on tient entre ses mains, plutôt que de courir après la consommation...
L'argent ne fait pas le bonheur !

Et rien, ni personne ne l'écrit aussi bien que Grégoire Delacourt
Et si j'écrivais la liste de mes envies les plus folles,
Il y aurait incontestablement dans la liste :
Continuer d'être heureuse avec eux !
Voilà mon souhait dans la vie...

Et si ce soir je gagnais 18 547 301 euros et 28 centimes
Qu'est-ce que je ferai ???
On s'est tous un jour posé cette question...
  Lis vite "La liste de mes envies" tu auras la réponse...
Je le recommande à tous !

3- L'école est finie mais maman travaille

Cette semaine a sonné définitivement la fin de l'année scolaire,
Si Jules a quitté le collège il y a déjà quelques jours,
Les filles, respectivement en maternelle et en primaire ont terminé l'école vendredi soir,

Et j'avoue j'ai eu le blues comme chaque dernier jour d'école,
Pourtant pas de changement majeur l'année prochaine,
Chacun restant cette fois-ci dans son établissement...
Mais j'ai un coup au moral,

Bêtement parce que je travaille cette année,
Et je ne peux pas profiter de ces vacances-là pleinement avec eux,
Parce que ça faisait 4 ans que j'étais là,
Que je m'occupais d'eux tous les jours des grandes vacances,
Ça me fait bizarre de devoir jongler pour les faire garder, pour les occuper, de devoir dépendre toujours de quelqu'un pour m'occuper de mes enfants,

Mais bon je n'ai pas le choix,
Mes vacances débuteront seulement le 5 août,
Un mois à me lever seule le matin,
Un mois à m'inquiéter de leur journée sans pouvoir y faire grand-chose !
C'est ainsi,

Je suis maman et je souffre de ne pas être avec eux pleinement...
Voilà donc l'esprit de ma semaine,
Comme beaucoup de foyers marqués par la fin de l'année scolaire,

Et même si je suis partie à Paris 48h,
Même si j'ai une montagne de choses à vous raconter,
A vous montrer,
Je n'ai pensé qu'à cette fin de l'année scolaire,

4- Ma philosophie c'est un peu ça

Quelques touches de couleurs,
Du soleil, des rires et des paroles qui se coupent,
Des bulles, de l'espoir...
C'est bon d'imaginer,
Un peu de déception, des lenteurs...
Mais rien qui n'entache ce grand bonheur,
Des paroles douces aussi,
Parfois pas grand-chose de plus,
Des contacts, des projets...
C'est bon de se retrouver,
Ecrire toutes ces infinies choses,
Et ces mots qui ne veulent rien dire...
Faire de la place au mystère,

Ne pas être si transparente,
S'accorder du temps,
Se dire que finalement la course ne peut être gagnée,
Et pourtant ne jamais baisser les bras,
Parce que la vie est ainsi faite,
La mienne en tous les cas,
Apercevoir la lumière au bout,
Y croire toujours,

Ne pas se plaindre,
Et surtout toujours faire ce qu'on dit,

Ne jamais lâcher des mots à la va vite,
Ne jamais penser qu'ils n'auront aucun sens,
Les mots restent même s'ils ne sont pas écrits,
Graver à jamais,

Se souvenir pour mieux comprendre,
Et aimer ce présent précieux,
Eux toujours,
Parce qu'aujourd'hui rien ne me fait changer d'avis,
Ce sont eux qui me guident,
Au milieu du vert, du bleu, des étoiles
Penser toujours à cet instant là
Et agir !
Ma philosophie c'est un peu tout ça... et peut-être encore quelques verbes

5- Je suis une maman animale

Avec eux,
Je fonctionne essentiellement à l'intuition,
Je les sens,
Au sens propre comme au figuré,
J'ai besoin d'enfouir mon nez dans leur cou,
Parfois même je les mords,
Ils le savent d'ailleurs,
Quelque fois ils râlent que je suis allée trop fort,
J'aime les toucher,
Les sentir,
Les avoir près de moi,

Les embrasser,
Et même les pincer,
J'aime leur peau, ce grain si doux...
J'aime leur odeur,
Je leur dis que c'est moi qui ai fait tout ça...
Alors j'en profite...
Je les papouille,
Les mordille...

Bref je suis une mère animale,
Je ressens mes enfants,
Ce lien particulier que nous vivons si fort dès qu'on nous les pose dessus,
A l'accouchement,

Ce moment si intense,
Si merveilleux...
Je le prolonge autrement en grandissant,
Mais j'ai toujours autant besoin de ce contact...
Ok je décolle Jules qui à bientôt 12 ans a sans doute d'autres préoccupations que mes papouilles de maman,

Néanmoins il est encore souvent à la recherche de ce câlin, de ce gâté,
Et j'y réponds volontiers,
Evidemment avec les filles, plus petites j'en profite encore pleinement,...
Et nous avons nos rituels,
Avec Rosalie par exemple, lorsqu'au coucher on se dévore le cou mutuellement avec les bruits qui vont avec...
Qui forcent le trait,
Et je ne te parle même pas de Violette que je dévore dès que possible...
Je suis une maman animale et j'aime ça...

6- Pourquoi faut-il à tout prix être heureux ?

C'est bizarre, lundi lorsque j'ai ouvert mon flux rss j'ai été étonnée de voir combien de titre de billet comportait le mot "Bonheur"...
Ils montraient tous des instants de bonheur,

Reprenaient tous des moments particuliers où l'on s'était senti heureux...
Le bonheur est ce finalement cela ? Et surtout est-il contagieux ?
Moi la première je prends beaucoup d'instants que je qualifierai aussi de moments heureux,

Ces petits instants qu'on note dans notre esprit,
Ce bonheur qu'on étale pour contre balancer les autres moments peut être !
Ceux qu'on essaye d'enfouir,
Ceux qu'on tente d'oublier,
Ou du moins de vivre avec...

Evidemment il n'y a aucun intérêt pour toi lecteur, de "Liker" une photo ou un post témoignant d'un accident, d'une perte, d'un enterrement, d'une maladie, d'une facture, d'une dispute, d'un conflit, d'une colère, d'un licenciement,...

Evidemment qu'il vaut mieux photographier et ne se rappeler que des bons moments,
Que je préfère me souvenir du plaisir d'avoir savouré cette tarte au citron, un peu spéciale pour les puristes du look mais si parfaite pour le goût...
Plutôt que d'un plat qui m'a cruellement déçu dans un restaurant qui ne mérite même pas ce nom...

Bien sûr que je préfère me souvenir de cet instant de douceur estivale que nous avons partagé autour de glaces, dans le Vieux Nice,
Plutôt qu'un autre moment...
Après tout ne pratiquons nous pas le phénomène Cauet ou le syndrome de la bouteille à moitié pleine... avec nos doses de bonheur distillées sur le web...

Bien sûr que je préfère te dire que j'aime tel ou tel produit testé plutôt que de devoir critiquer celui-ci... d'ailleurs j'ai décidé que si je n'aimais pas je me taisais... par respect du partenaire et surtout parce que je n'ai envie de partager que de jolies choses... cet optimisme qui me fait vivre !
Pourtant c'est vrai ça m'a sauté aux yeux lundi dernier,
Fait-on tous pareil finalement ?

Recherche-t-on tous le plus joli paysage à partager ? Le plus joli met à photographier ? Le plus joli sourire à immortaliser ?
Je crois que oui... Et sincèrement je préfère cette quête du bonheur à l'étalage des plaintes et des critiques en tout genre...

Alors pourquoi écris-tu tout ceci ?
Seulement pour mieux m'en rendre compte finalement et partager avec vous cette impression que j'ai eu... J'imagine que toi qui lit aussi des blogs, tu as bien du remarquer aussi ces nombreux billets autour du bonheur...

Est-ce qu'au moins ça te fait du bien de lire des moments de bonheur ?
Est-ce que nos instants de bonheur partagés contribuent au bonheur général ou pas ?
J'en doute, vu le moral des Français...
D'où mon interrogation : peut-on rendre les gens heureux dans un élan collectif et numérique ? J'y crois...

7- Digital mother tellement moi

Il y a quelques années,
J'adorais faire du shopping,
Je n'aurais loupé pour rien au monde le premier jour des soldes,
Je posais mon jour de congé des mois à l'avance,
C'était programmé et non négociable...
Et la vie est passée,

J'ai modifié ma façon de penser,
L'achat n'est plus forcément un objectif,
Quand je pars "faire les boutiques",
Bien sûr que je peux me faire plaisir en achetant dans des choses,
Mais c'est loin d'être ma priorité,
De loin je préfère flâner dans un parc,
M'installer à une terrasse,

Visiter une expo,
Faire des photos...
Regarder les vitrines gourmandes (surtout),
Visiter la ville autrement...
Le week-end dernier je me suis retrouvée au cœur de l'hystérie,
Dans les Galeries Lafayette à Nice,
Je devais changer un cadeau...
J'étais sans les kids,

Détendue pour choisir de nouvelles choses pour moi,

Ce que j'ai fait, un peu paumée et étourdie par le monde,
Et la pugnacité des gens...
Heureuse de sortir de cette foule le plus rapidement possible...
Non décidément pas me battre pour une tenue,
Très peu pour moi...

Faire la queue à la caisse, encore moins !
De loin, j'ai préféré promener dans le Vieux Nice !

Et ma conclusion, les boutiques sur le web me conviennent parfaitement,
C'est vrai on ne touche pas, on n'essaye pas...
Certes mais devant mon écran, je suis tranquille...
Je sais ce que je veux, je vais à l'essentiel,
Même si parfois j'aime bien découvrir...
Décidément digital mother à fond...
Je perds moins de temps,

Me concentre sur l'essentiel,
Je clique rapidement... je reçois à la maison,
Et quand je balade ce n'est que du plaisir !

8- Tous connecté? Pas vraiment

Parfois j'ai l'impression que le monde entier vit dans le même monde,
Qu'on a les mêmes codes,
Les mêmes habitudes,
Qu'on est donc tous connecté...
Notre smartphone dans la poche,
La tablette sur le chevet,
Le wifi en GPS,

Le numérique au quotidien...
Mais non pas du tout...
Bien sûr que mes grands-parents vivent sans connexion,
Quoique ma grand-mère a 81 ans et a son smartphone en bandoulière,
Oui je suis consciente et c'est bien naturel que cette génération-là se fout éperdument de partager ses infos sur le web,

D'ailleurs ils (mes grands-parents tjs eux) me disent souvent, fais attention à ce que tu lis sur internet, ils ne doivent pas toujours dire la vérité !!! lol
Mais des gens de mon âge, qui bossent, qui vivent, qui ont des enfants, qui voyagent, qui connaissent internet...
Mais qui ne savent pas twitter, pinterest, foursquare ce que ça veut dire,
Tout juste ils connaissent Facebook,

Ils ne faut pas être curieux de nature pour ignorer ce monde-là...
Je comprends qu'on n'adhère pas, qu'on se sente un peu paumé, qu'on ne voie pas toujours l'utilité,

Mais de là à ne pas connaître...
C'est vrai ça me fait drôle !

Je suis bien obligée de constater,
Que nous ne sommes pas tous connectés,
Que ce monde-là est encore bien parisien finalement,
Ok pour quelques "grandes" communes,
Celles qui ont mis le pied à l'étrier,
Entraînent les habitants...
Mais ça ne fait pas encore la majorité de la France !
Bon je me dis plus que quelques années,
Et à l'allure que les réseaux sociaux se démocratisent,
On va bien finir par s'y croiser...
J'ai pas fini de former des gens autour de moi aux réseaux sociaux, moi :::!!!:::

Ah oui parce que je ne t'ai pas dit mais c'est aujourd'hui ma mission presque principale dans mon #newjob, je forme les bibliothécaires aux réseaux sociaux (en passe de s'étendre à d'autres services...) et prochainement un atelier sera ouvert au public,

Je bosse sur des ateliers pour la création de comptes sur les réseaux sociaux et à la création d'un blog également...
Ma mission (puisque je l'ai accepté) que nous soyons prochainement tous connectés...
Mais y a du boulot !

9- Quelques conseils pour survivre avec 35°

Je vis dans le sud et tous les étés on a toujours une vague de canicule,
Je devrais peut être le supporter mieux,
Sauf que ça fait quelques années que je ne travaillais pas,
Et finalement barboter dans la piscine ça fait du bien...
Cette année je suis au boulot,
Les cigales me cassent les oreilles,
J'ai chaudddddd

A 13h je n'ai pas envie de revenir,
Je ferai bien la sieste au frais...
Bref je tente de faire bonne figure et je pense à mes vacances qui approchent...
Voici quelques conseils pour faire face à ces températures très élevées,
Si tu descends en vacances dans le sud :

1- Boire régulièrement toute la journée et pas 1/2 litre en une seule fois,

2- Préférer la plage le matin et en fin de journée plutôt que l'après-midi, les rayons sont moins forts et les températures plus clémentes,

3- Ne jamais oublier tes lunettes de soleil / ton chapeau de paille ou casquette c'est toi qui vois,

4- La crème solaire est ton alliée,

5- Tu peux bannir le jean de ta valise, parce que même le soir tu seras mieux en robe plutôt qu'avec ce machin collant...

6- Dés que tu peux, se doucher à l'eau froide c'est mieux,

7- N'oublie pas ta cure de vigne rouge, surtout si tu as des problèmes de circulation du sang... cette chaleur est impitoyable avec les jambes,

8- Achète un bracelet anti moustique ou un produit efficace... il y a trois insectes sur je déteste l'été en Provence, les fourmis, les moustiques et les mouches !

9- Si tu décides de faire la sieste (ce que tu as de mieux à faire de 13h à 17h) ferme des volets et les fenêtres aussi... la chaleur restera dehors ainsi.... on ouvre tout le matin et le soir uniquement !

10- Et si vraiment tu ne supportes plus et bien va quelques heures te mettre au frais dans un endroit climatisé... choisi bien ta salle de cinéma par exemple !
Bon courage parce que moi je supporte plus cette chaleur, vivement que je sois perchée à 1600 m d'altitude...

Août 13 :

1- Il est venu le temps des vacances

Ce mois d'août sacré,
Le seul qui m'autorise réellement à adopter un autre rythme,
Celui qui met la France au ralenti,
Le seul pour lequel j'accepte aussi de l'être,
Quand je suis convaincue qu'il n'y a plus de contrainte,
Qu'on peut s'accorder un pique-nique à 13h,
Une sieste dans l'herbe à 14h

Qu'on se réveille à 15h et qu'on termine la journée à la piscine,
Ce mois où je peux m'installer en terrasse dans ce lieu sacré,
Observer les kids jouer,
Et penser une ultime fois et si on vivait ici,
Peut-être que le charme serait rompu,

Peut-être que là-haut aussi je trouverai le temps de courir,
D'ailleurs je n'oublie jamais mes baskets pour le mois d'août,
J'aime faire le plein de bon air,
J'aime regarder la vie différemment...

Et puis le périple continu, quelques jours ailleurs encore,
Retrouver aussi ces sapins que j'aime tant,
Cette région que je découvre chaque année un peu plus,
Ce mois qui me ressource,
Qui me redonne la foi pour attaquer la rentrée, Ce mois qui m'inspire

Qui me permet aussi de me retrouver, de me calmer, de me poser,
Ce mois où je fête l'amour,
Chaque année un peu plus, un peu mieux, un peu plus grand !
Si ce n'était pas le mois d'août, je ne serai pas en vacances...

2- Si on se rencontrait à nouveau

Si je revenais en arrière,
Que je te voyais pour la première fois à la piscine là-haut prés de nos montagnes,
Si le soleil brillait à nouveau,
Que tu me proposais un café,
Puis que nous allions ensemble à la piscine,
Si on se baignait ensemble,
Que je t'observe nager,

Qu'on se raconte nos vies, enfin le début,
Si on décidait de transformer cette belle journée en soirée inoubliable,
Si on se retrouvait après diner,
Dans ce lieu privilégié,
Si on continuait de parler, de se confier...
Si tes doigts effleuraient les miens,
Si on se retrouvait assis à côté sur ce canapé à écouter la musique,
Et si nous étions de plus en plus proches,

Si je devais rentrer le lendemain parce que la vie est ainsi faite,
Pour mieux se retrouver quelques jours plus tard,
Si la vie m'offrait ce retour en arrière,
Je referai tout de la même manière,
Pour que tu deviennes à nouveau l'homme de ma vie !
C'était un 5 août... et je revis ces moments l...

3- Transformer l'amour de vacances en amour tout court

Tu as rendez-vous avec lui ce soir pour une ultime soirée avant ton retour à la maison,
Lui, tu l'as rencontré il y a quelques jours,
Il t'a suffi de le repérer sur la plage/ à la piscine bref sur ton lieu de vacances dès ton arrivée,
Il était là avant que tu arrives,
Alors forcément il sentait déjà le sable chaud,
Son teint était hâlé,
Il était si craquant,

Son coup d'œil dans ta direction t'a rapidement laissé penser que ton arrivée n'était pas pour lui déplaire,
Bref depuis tu roucoules dans ses bras,
Et ne te projette absolument pas dans quelques jours lorsque les vacances auront sonné le glas de fin,
Et pourquoi après tout, ne pas envisager de transformer cet amour des vacances en amour tout court ?

Quelques idées à ne pas négliger,

1- Quand on veut on peut et cet adage-là s'adapte a tant de situation qu'on peut tenter celle-ci !

2- Parler de sa vie "réelle" dès les vacances, histoire de voir s'il y a éventuellement des points communs ou pas,

3- Garder le contact et aujourd'hui avec un smartphone ça semble simple non ?

4- Etre à l'aise au téléphone parce que pour gérer une relation à distance il va falloir s'y coller... naturellement si vous n'habitez pas tous les deux Paris... après imaginer qu'on se rencontre en vacances et qu'on habite à 500 m à Miramas (ma commune)...euh les probabilités sont vraiment miniatures !

5- Faites-vous prendre en photo ensemble, histoire de ne pas oublier que votre couple est too much !

6- Et si à ce stade vous conveniez de vous retrouver pour un week-end "ailleurs"... ni chez toi, ni chez lui, histoire de prolonger un peu les vacances et de voir comment les choses évoluent !

7- Passez les étapes haut la main... il est temps de le faire rappliquer sur son lieu de vie ou d'aller le retrouver chez lui... perso les chabadabadas sur les quais de la gare, les bouquets dans le hall de l'aéroport j'adore... toi non ?

8- Disons que maintenant tu as les clés en main... en vacances, au téléphone, en week-end, chez lui ou chez toi...ça colle toujours... et bien peut-être bien que ça va durer... parlons "avenir" et possibilité ou pas de déménager !!!

9- Quand ça doit marcher, ça roule... voilà ce que je me dis souvent dans la vie !

10- <u>J'y suis arrivée</u>, il n'y a pas de raison que tu n'y arrives pas...

4- Voyager avec des kids / des idées et de la patience

En voiture !

J'ai toujours un peu d'appréhension pour les voyages en voiture l'été,

Non pas pour l'organisation qui est la même toute l'année pour un long ou court déplacement,

Mais plutôt pour le monde qui circule sur les autoroutes au mois d'août et la chaleur bien présente,

Il ne faut pas négliger quelques points et je veux bien partager avec toi mon expérience de maman voyageuse pour l'occasion,

- Si c'est possible et compatible avec la durée du voyage on part après le déjeuner, histoire que la sieste soit aussi de la partie et puis on évite ainsi de déjeuner sur les aires d'autoroute où ce n'est pas franchement bon, où il y a un monde fou et où tu dépenses beaucoup pour si peu !

- j'ai trois enfants et chacun a son sac en voiture avec doudou, un coussin pour dormir et des jeux pour le voyage, chacun leur âge, chacun leur style... mais Jules (l'ainé) pense toujours à prendre un livre "devinette" histoire d'occuper tout le monde en voiture,

- Je choisi également avec eux quelques CD qu'ils aiment écouter et on se fait souvent le temps "chansons" tous ensemble à tue-tête,

- Penser à l'eau indispensable pendant un voyage, toujours une bouteille à portée de main... parfois lors des longs parcours, je leur fais une petite bouteille chacun au réfrigérateur la veille de partir avec leur sirop préféré

- Ne pas oublier non plus quelques grignotages, même si chez nous on ne mange pas en voiture, il y a toujours quelques fruits secs, un paquet de vichy (j'adore et eux aussi) !... (Attention pas de chocolat avec la chaleur du voyage)

- Pour ceux qui ont la chance d'avoir des enfants qui ont le mal du transport (j'en suis avec Rosalie), je n'ai aucun secret miracle... si ce n'est que je ne pars jamais sans sacs en plastique (sans trou) rangés dans le dos des sièges avant, un rouleur de sopalin, un torchon !

- Un brumisateur dans le sac pour s'hydrater, des lunettes de soleil pour les protéger

- Pour trouver le temps moins long et bien je compte sur l'assoupissement, sur le temps "questions réponses" jeux à partir de livres ou d'une appli que j'ai sur mon smartphone, le temps "chansons", le temps aussi "instruction"... parce que chaque fois que nous voyageons je tente de profiter du déplacement pour apprendre aux enfants des choses sur les départements, les spécialités culinaires, les communes etc... Bref il m'en est resté quelque chose de mes voyages enfant je croise les doigts pour qu'il en soit de même pour mes kids !

- Selon les routes, je leur propose de nous guider, ça ne dure pas longtemps certes, mais ils se débrouillent entre plan et gps et ils aiment bien ça !

- Et surtout ne pas s'énerver...ok c'est plus facile à dire qu'à faire parfois... mais si c'est le cas, s'arrêter un moment histoire de se changer les idées... en profiter pour les rafraîchir, je leur mouille souvent le visage et la nuque... et on repart calmés ! Bon voyage...

Septembre 13

1- Je suis utopique certes

Je rêve d'un monde meilleur

- J'imagine que demain les campagnes et les régions désertées en France se repeupleront afin d'équilibrer le pays et désenclaver les grandes villes... Je pense que ça sera possible lorsque les entreprises accepteront (davantage) sous certaines conditions le télé travail....

- J'imagine que les grandes villes progressivement pourraient être interdites de voitures et investies par les vélos (quoi tu n'es jamais allé à Amsterdam) !

J'imagine qu'à l'école on porterait des blouses et que finalement la course à celui qui a le plus beau et la plus belle marque n'existerait plus !

- J'imagine que le respect serait un maître mot et que les gens arrêteraient de se marcher sur les pieds (et là je suis gentille)

- J'imagine un monde sans drogue, meurtre, agression, viol etc... Toutes ces horreurs que l'on entend tous les jours

- J'imagine un monde sans chômage ou si peu, où l'on pourrait changer de job quand ça nous chante, du moment qu'on a envie de bosser, de créer, d'entreprendre...

— J'imagine que l'on aurait tous le temps et les moyens de cultiver son potager et acheter le reste à des paysans (je sais je dois impérativement vivre à la campagne) et qu'on arrêterait de bouffer de la merde (excusez-moi mais c'est de rigueur)

Je rêve que les gens ne soient pas jaloux de leur prochain, solidaires, sincères, loyaux, honnêtes, utopistes quoi !

2- Vis ma vie et organise-toi

Souvent on me demande comment je tiens tête partout,

Je n'ai pas de sœur jumelle, je n'ai pas trouvé le moyen d'allonger mes journées au-delà de ces maudites 24h,

Je dors quand même,

J'ai trois enfants ma priorité,

Un homme que j'aime,

Une famille à qui j'accorde une immense place,

Des amis que je n'aime pas négliger,

Un job à 80% où j'assume seule les missions,

Plusieurs blogs...

Une vie publique à manager sur les réseaux sociaux,

Des partenaires exigeants,

Des relations à entretenir,

Des idées à trouver,

J'écris aussi un peu là et ailleurs,

Un corps qui aime que je m'occupe de lui aussi un peu quand même...

Bref une vie passionnante !

Pour tenir ce rythme qui parfois m'effraie moi-même mais au fond me ravie,

J'ai une organisation parfois un peu militaire, enfin uniquement pour certaines tâches et surtout je ne procrastine pas, sais pas faire de toute manière, j'aime que les projets avancent, je ne suis jamais aussi heureuse que lorsque je barre les tâches sur les listes !

Donc oui je fais des listes : A faire / billets de blogs / livres à acheter... Avant j'avais de jolis carnets, aujourd'hui j'écris sur l'application Note de mon IPhone et quand je ne veux pas oublier une tache, je la saisis en rendez-vous sur mon agenda téléphonique !

Oui c'est vrai je me sers beaucoup des nouvelles technologies pour me faciliter le temps et la tâche, pages jaunes / sncf / chaine météo...

Sinon je m'appuie sur les personnes de mon entourage, je n'ai pas honte de dire que je suis au bord du gouffre plutôt que de couler ou craquer... mon homme, ma mère essentiellement... je ne demande pas l'aide de quiconque qui puisse finalement compliquer les choses... je fais appel aux personnes dont je suis sûre pour tout d'ailleurs... s'il faut que j'explique et que ça s'éternise, je fais moi-même !

Les factures à payer sont toujours au même endroit sur mon bureau et les papiers à ne pas oublier sont accrochés au frigo (bien en vue) !
L'emploi du temps de Jules au collège est photocopié et distribué aux personnes qui sont concernés pour aller le récupérer !

Je suis vigilante pour les activités extra-scolaire, chacun a droit à une activité sportive + une culturelle... quand c'est possible on groupe comme le piano pour les deux grands (à la même heure) ! Mais quand on commence on va jusqu'au bout... alors il ne faut pas se tromper !
Tous les soirs, je consulte l'appli chaine météo et je prépare les tenues pour chacun en conséquence... y compris pour moi !

J'ai des pochettes pour toutes les situations dans tous les coins de ma vie, un sac dédié à la piscine (quand il faut partir on ne cherche pas les bonnets / les lunettes / les maillots...), une pochette bobos (une pommade pour les coups, un tube de crème pour les lèvres et un petit tube de crème solaire à 50 toujours avec moi) et surtout un panier (un vrai en osier) qui me sert pour tout ce que je ne dois pas oublier...

Dans mon sac, j'ai toujours un stylo, une crème pour les mains, la trousse à bobos (décrite ci-dessus) !
Quand j'ai une idée je la note tout de suite, quand j'ai quelque chose à faire je le fais rapidement, quand j'ai quelque chose à dire je le fais aussitôt (mail/dm/sms/téléphone/carte...) je suis pour faire aussitôt !

Dans la maison, les choses sont scrupuleusement rangées au même endroit... c'est un gain de temps énorme... aussi bien dans la cuisine, que la chambre des kids, que le bureau etc...

J'ai la chance aussi d'avoir un homme qui fonctionne de la même manière c'est plus qu'utile pour le quotidien d'être au diapason dans l'organisation !

Parfois ça dérape quand il y a trop d'imprévus mais souvent ça passe... ma vie est remplie à bloc et j'aime ça !

3- Il était une fois, Rosa

Une petite araignée née de mon imagination, elle a trois prénoms, Rosa pour Rosalie, Violet pour Violette et Juliette pour Jules,
Elle est joyeuse, un peu peureuse, aime les câlins, chanter, s'amuser et manger,

Elle aime dormir aussi, d'ailleurs toute la journée elle roupille et se réveille pour reprendre ses aventures avec ses amis vers 20h afin de leur souhaiter une douce nuit !
Tous les soirs, installée sur un lit, Rosa réunit Rosalie, Jules et Violette, en pyjama prêts pour aller se coucher ils s'installent et attendent l'histoire et les nouvelles aventures,

Il faut dire que Rosa aime l'aventure, elle est née à Nice entre deux galets elle a grimpé dans le papier d'une maman et s'est retrouvée ainsi dans la vie de trois enfants,
Depuis elle est arrivée à Miramas mais elle n'a de cesse que de les emmener dans la forêt à la découverte du trésor de l'ours...

Ils ont fini par accepter l'aventure, faut dire qu'elle sait y faire la petite araignée pour les persuader, des câlins, des bisous, elle se frotte par ici, dans le cou de celui-ci et sur le ventre de celles-ci !
Elle a accepté chacun des membres en regardant si leurs pieds étaient propres, ah oui elle a des critères Rosa !

Et chacun a eu son rôle... Rosalie est la cuisinière de l'expédition, Violette la chanteuse pour animer les journées de marche et Jules le garde du corps...
Il y a quelques jours l'aventure a commencé en forêt, Jules a dû affronter un loup, Rosalie nous a préparé le menu et Violettte chante à tue-tête...chacun s'endort après que la petite araignée les ait accompagné dans leur chambre avec ses missions pour le

lendemain...

Une idée de gâteau pour le goûter, une chanson pour la prochaine étape et un piège pour le loup...
A suivre...
J'ai inventé un conte animé, les enfants participent et chacun adorent l'héroïne Rosa/Violet/Juliette la petite araignée
Ah oui j'oubliais cette aventure est une super motivation pour se laver les dents et monter se coucher...!

4- Je ne me reconnais plus en rat des villes

Silence ça pousse aurait pu être le titre de ce billet,
Moi ex-citadine ex-addict-urbaine ex-shoppeuse aussi !
Bref j'ai passé 3 semaines loin du bitume, loin du trafic urbain, loin du monde même et quel bonheur !
Si je n'avais pas été tentée par l'affiche annonçant une promo sur la GoPro sur la vitrine de Rip Curl à l'Alpe d'Huez je n'aurai peut-être même pas fait les boutiques...

Souvent je ne me reconnais plus !
Il y a quelques années, je m'ennuyais ferme à la campagne,
Je criais à la moindre bêbête en vue,
Je flemmardais à l'idée de marcher,
J'aimais catégoriquement les vacances urbaines,
Faire les boutiques, voir du monde, m'installer en terrasse, j'aimais ce bouillon de vie, le bruit qui allait avec, la queue dans certains lieux touristiques etc...
Ce temps-là est enterré...

Je suis en extase devant la nature, rien n'est plus beau qu'un arbre, je répète inlassablement "comme c'est beau..." lorsque je suis en pleine nature, je n'ai jamais rien vue d'aussi beau qu'un troupeau de chèvres blanches cet été... Je parle aux vaches et souris aux taureaux avec des longs poils comme j'en avais jamais vu !

Bref, j'admire les paysages où aucun immeuble n'apparait à l'horizon...
J'ai besoin de sentir l'herbe fraîche, de voir les légumes et les fruits pousser...
Je fuis comme la peste ce bitume trop chaud, trop puant...
Je suis devenue un rat des champs...

5- La mode c'est une affaire de goût

A 40 ans je n'attends plus le "spécial mode" de mes magazines préférés avec la même ferveur,
Oui j'aime les tendances, mais finalement avec les années qui passent je me rends compte qu'on prend souvent les mêmes et on recommence... oh certes on saute une année ou deux, parfois 10 et c'est reparti !

Alors je m'accommode volontiers de basiques, quelques classiques qui passent presque partout,
Et je me fais plaisir sur quelques pièces,
Mais finalement la mode est aussi une question de goût, surtout quand on vieilli, qu'on prend de l'assurance, qu'on connait son allure, ce qui va ou pas...

Oui je succombe volontiers à des fantaisies, surtout lorsqu'il s'agit de baskets, comme ce printemps où j'ai poussé les boites de chaussures pour caser mes Nike, mes Vans, mes ci, mes ça !...

Oui j'ai trouvé mon jean idéal chez G-Star au printemps aussi (décidément) et du coup le prochain sera surement chez eux également... on ne prend pas de risque lorsqu'on trouve un jean qui vous va bien et dans lequel vous vous sentez bien !

Ok je feuillette quelques pages bien pensantes ces jours-ci mais pour l'instant pas de wish-list en route... quoique j'ai bien vu quelques pièces qui pourraient me séduire dans le dernier Elle... Bon pour la garde-robe parfaite on reviendra, chaque chose en son temps...

Il fait encore un peu chaud dans le sud pour avoir envie de matières douillettes... mais bon ça va arriver vite et quand la bise fut venue je ne suis pas dépourvue ! (t'as vu comme je maîtrise mes classiques !)...
Soit la mode est une affaire de goût, de fric, de poids et de tendances...

6- Jules, Rosalie, Violette

Parmi tous ces mots que je pose ici, toutes ces photos aussi, je vous laisse une histoire, Celle de votre enfance, petite enfance... parmi tous les mots, vous retrouverez toutes ces activités, tous ces voyages, ces rencontres importantes, tous ces bonheurs, ces étapes... que vous avez franchi, que nous avons franchi et partagé !

Vous saurez ce que j'ai vécu, ce que je ressentais, ce que j'entreprenais...à ce moment-là... les émotions que vous m'avez permis de vivre, ma vie professionnelle et un peu quand même la Off, celle que nous vivons tous les 5 et la famille !

Tous les jours ces mots choisis aussi pour vous,
Et que vous sachiez surtout tout l'amour qui vous entourait !
Cet amour qui habite votre enfance, cet amour dont je vous dessine les traits tous les jours...

L'enfance, ce monde si particulier que je bâtis avec votre papa...Cette enfance douce et protégée que je souhaite pour vous, pour vous construire, vous armer pour l'avenir...

Cette enfance que j'ai eue si heureuse, ce moment qui apporte tant une fois adulte... Ce savant équilibre entre le cocoon et la connaissance du monde réel,

Ce monde qui vous appartient tous les trois ensemble, tous les trois différemment et pourtant ce même monde... avec votre vision de la vie, des choses, de nous et des autres, vos caractères aussi, vos sensibilités et l'éducation, la culture qu'on vous apporte au quotidien,
Parce que les parents font toujours ce qu'ils croient être le mieux, ce qu'ils peuvent

aussi... même si parfois ça heurte, ça grince, ça chouine... même si parfois il y a des erreurs, on tente de faire pour le mieux et j'espère que ce monde dans lequel vous évoluez vous apporte l'équilibre et le bonheur que je souhaite pour vous !

Je n'ai pas connu le même monde puisque j'étais enfant unique, même si les personnes sont sensiblement les mêmes, leur vue a évolué... J'ai appris d'autres choses, j'ai vécu différemment, j'ai eu ma maman presque que pour moi, j'ai eu un papa absent, puis un deuxième, j'ai eu mon monde avec beaucoup de douceur aussi... mais parce que je n'ai pas eu de frère et sœur comme vous, j'hésite parfois, je tâtonne souvent, je vous observe beaucoup, je vous admire et parfois je colère mais souvent je ris...

vos disputes, vos complicités, vos cris, vos rires, vos jeux, votre tendresse... tout ce qui fait vous est le plus joli des mondes pour moi !

Vous m'offrez un bonheur immense,... les mots me semblent impuissants pour l'expliquer, je suis comblée par votre présence... à l'aube de cette nouvelle rentrée scolaire... je vous souhaite à tous les trois, Jules, Rosalie et Violette une belle nouvelle année scolaire...
Maman vous aime

7- La confiance en soi

Partout où je me tourne, j'entends parler de confiance en soi,
On ose pas prendre une décision on manque de confiance en soi, on n'assume pas une situation c'est la même chose, on traîne les pieds, on est trop discret, on ne te dit pas "bonjour", on ne demande pas des nouvelles, on s'embourbe dans ses phrases, on hésite entre le choix des mots... tout ceci parce qu'on manque de confiance en soi !!!!

Comment obtient-on un surplus de confiance en soi ?
D'où vient cette formule magique ?

Comment la communiquer à nos enfants ?
Personnellement je pense qu'on m'a mise sur les rails de la confiance enfant, puis ado, j'ai été soutenue, valorisée, aimée etc. c'est déjà beaucoup... et puis la vie a fait que... tu te retrouves dans des situations, tu rencontres certaines personnes... bref j'ai acquis beaucoup d'assurance en grandissant...

Les voyages, les expériences, les autres...
Et puis j'ai rencontré l'homme, je me suis retrouvée directrice de communication, j'ai recruté, managé, formé, assumé des responsabilités de plus en plus importantes, je suis devenue maman... j'avais 30 ans tout juste et j'ai acquis de la maturité, de la réflexion, ...

Je crois que les 10 années qui me séparent de cette période n'ont cessé de m'apporter de la richesse mais dans les périodes les plus difficiles, je me suis enrichie de toutes les occasions, réfléchissant sans cesse sur le comment du pourquoi et tentant de tirer l'expérience nécessaire pour le lendemain...

Le couple est un formidable moteur pour la confiance, j'ai une épaule sur qui compter mais surtout quelqu'un qui me pousse toujours vers le haut même si parfois c'est douloureux, parce que ça nécessite une attention, une remise en question c'est toujours salutaire et ça va dans ma façon d'être "le mieux c'est pour demain..." avancer toujours... vivre la vie pleinement, profiter de chaque instant... aimer, apprendre, rencontrer, découvrir !!!

Je pense et crois fermement qu'après réflexion il faut oser... il faut faire pour ne pas regretter...
"Qu'un non n'est pas un coup de canon", comme dirait ma mère !
Même si hier tu n'avais pas confiance en toi, demain tu peux acquérir cette étincelle qui t'apportera de l'énergie et de l'assurance à revendre... Il faut parfois se mettre en danger (un tout petit peu) et se lancer des défis (si minimes soient ils)...

Et tu verras parfois on y arrive et on est si heureux après, si satisfait d'avoir osé, qu'on se dit "finalement ce n'est pas si compliqué !"... crois-moi et surtout sois sûre de toi...
Lève la tête, tiens-toi droite, les épaules en arrière... la confiance commence aussi par l'allure qu'on montre de soi... lever les yeux, regarder droit devant et loin... l'avenir est par là...

8- Je ne suis pas parfaite

Bah ça fait deux fois que je lis ces dernières semaines que consulter les blogs favoriserait la dépression,

Parce qu'on ne montrerait que des belles choses, des recettes réussies, de beaux profils, que nos enfants se conduisent bien, que notre vie est rose etc... et que du coup, toi lectrice (sans blog) tu te retrouves face à un étalage de "beau & bon" qui te fait déprimer parce que chez toi tout n'est pas aussi réussi et facile que sur nos blogs !!!

Évidement que j'ai envie de réagir à ces propos et ces leçons de bonheur à la va-vite... Personnellement je n'ai pas envie ici de raconter mes problèmes, la vie est bien trop difficile pour en rajouter sur un espace qui est une soupape, bref un espace qui me permet de m'évader d'un quotidien avec des hauts et des bas et vous offrir ainsi la même évasion, le même divertissement :

Mais comme toi, j'ai mes problèmes, mes difficultés, mes hésitations, mes doutes, mes angoisses, mes stress et mes défauts !
Ma vie est comme je la conduis certes avec mes choix et j'assume... mais comme tout le monde j'ai des périodes de chance et d'autres moins,...
Comme tout le monde parfois ça tangue parfois ça swingue...
Comme tout le monde le soir je me couche épuisée,

Parfois le moral dans les chaussettes, parfois j'ai le baromètre de l'optimisme en haut de l'affiche
Parfois je chante, parfois je pleure
Quelque fois j'ai de la résistance à toutes les preuves, parfois je suis à fleur de peau,

Je m'énerve aussi pour un oui, pour un non, parfois je crie un peu trop vite et je culpabilise,
Je ne suis pas parfaite, mes enfants non plus, je ne suis pas une maman parfaite, sans doute pas non plus parfaite pour mon homme !
J'aimerai faire plus de sport mais je n'y arrive pas... donc mon corps n'est pas celui de mes rêves...
Je rate parfois des recettes et parfois elles sont réussies...
Parfois j'ai une multitude de bonnes surprises et parfois une série de mauvaise

Je travaille si je pouvais je ferai autre chose mais ce n'est pas possible alors parfois je suis satisfaite et parfois je ronchonne
Bref tu vois je suis comme toi une nana parfaitement normale, quoique je n'aime pas le mot "normal" il n'a pas de sens pour moi !
Je suis moi...

J'espère que je ne te donne pas envie de déprimer au moins !

9- C'était mieux avant

Qui n'a pas entendu une fois l'évocation d'un temps jadis et surtout d'un temps passé si beau, si bien... ?
"Avant"... mais avant quoi, au fait ?

Pourtant moi-même je me dis qu'il y a une vraie prise de conscience de la société pour faire court ou de certains décideurs ou influenceurs à prétendre qu'en effet il y a bien des domaines dans le passé dont on devrait tirer des leçons...

Et puis moi qui traîne mes savates assez longuement sur pinterest où je croise le monde entier je constate combien pleuvent des boards "rustic"... "vintage"... où l'on met en avant une vie authentique et les objets qui vont avec...

Oui bien sûr que la mode s'inspire largement du passé, mais la déco aussi, l'architecture, la cuisine et même le style de vie...
Sans tomber dans le mythe de l'homme des cavernes, je crois que si le passé faisait ressurgir quelques habitudes peut être que ça serait bénéfique pour nous, nos familles, la civilisation...

Sincèrement si je ne conservais qu'une invention d'aujourd'hui je crois que je conserve mon mac et internet, incontestablement pour la facilité des relations notamment professionnelles mais aussi pour la facilité de la vie quotidienne, des achats par exemple et cette formidable ouverture sur le monde justement et le recul que parfois ça offre !
Alors si je taxais volontiers de ringard ceux qui utilisaient l'expression il y a quelques années, j'avoue que depuis quelques temps j'y pense fortement même si je ne le formule pas toujours tout haut !

On mangeait mieux, mieux dans le sens où les produits n'étaient pas aussi trafiqués... il y avait moins de voiture (je sais je fais une fixette)... et puis et puis et puis...

Non je n'ai pas pris 10 ans en quelques mois mais je défends les producteurs locaux, les petits potagers individuels, il n'y a pas de consoles à la maison, je tolère le made in Europe même si je suis pour le made in France évidemment...
Je fuis les grandes villes et même venir à Paris ne m'excite plus comme avant !

Je ne veux pas de surconsommation dans tous les domaines et même si j'aime la mode, le design, l'art, la cuisine, les livres, la technologie etc... je suis raisonnable et réfléchi trois fois (au moins) avant de craquer...et parfois je ne craque même pas !
Le bonheur n'est pas dans l'over-consommation mais bien sûr ça ne regarde que moi !

Et je suis persuadée qu'avant il y avait du bon mais si notre époque en a aussi (pour ne pas tout rejeter)...
Je suis donc désormais très partagée, entre un monde moderne et un monde d'hier... je fais partie de ceux qui lorgnent sur ce monde rustique, authentique, campagnard...

10- Attendre, ce truc insupportable

Je sais je vous ai déjà dit combien la patience m'était difficile,
Même si j'avoue y faire attention, même si parfois on ne peut pas faire autrement, même si on ne peut pas tout avoir tout de suite et que je tiens à respecter les valeurs que j'apprends à mes enfants...

Pourquoi est-ce si difficile d'attendre (pour moi devrai-je ajouter) ?
J'ai l'impression de devoir attendre partout et dans toutes les situations... ok je sais je suis un peu speed, un peu rapide en besogne, un peu directive, un peu esprit de synthèse, un peu "faut que ça avance"...

J'ai l'impression que certaines personnes se délectent à faire ramer les choses, comme si le temps arrangeait les choses... mais comment font les gens qui attendent sagement ?

On ne m'a pas appris la patience... c'est ta faute maman !
Au boulot je trépigne face aux lourdeurs de l'administration,
Dans la salle d'attente du coiffeur comme chez l'orthophoniste, je compte les minutes de retard,

Dans les boutiques je n'attends pas sagement mon tour pour la cabine d'essayage, j'essaye par-dessus mes vêtements ou je prends au pifomètre et je reviens changer si ça va pas... parce qu'après il faut faire la queue à la caisse et je suis toujours à l'affut de la caissière qui arrive en renfort...
Quand j'attends un appel mes yeux ne quittent pas l'écran de mon iPhone...

Bref je vieillis certes mais ne m'assagit pas encore à ce niveau !

Je n'ai pas de temps à perdre donc je déteste attendre et de fait je n'aime pas faire attendre les gens, je suis toujours à l'heure !
Donc je n'aime pas attendre un rendez-vous non plus...

Le quart d'heure provençal n'est pas dans mes gènes !
Ok promis je me raisonne souvent parce que de toute façon parfois je n'ai pas le choix, j'attends et je trouve des moyens de rendre le temps plus agréable, je navigue sur pinterest par exemple... et soudain je suis détendue !
Mais bon... si la nouvelle que j'attends pouvait tomber aujourd'hui, la journée serait parfaite !
J'ai un tgv à prendre au programme, une soirée parisienne et un hôtel nouveau à tester...

11- Comment on fait pour aimer son boulot ?

Depuis quelques années je remarque ou plutôt je me fais mon opinion, j'ai l'impression que les gens aiment de moins en moins leur travail, pour beaucoup c'est uniquement un gagne-pain !
Ceci explique sans doute le chiffre hallucinant relevé il y a peu de l'absentéisme au travail...

Personnellement j'ai toujours travaillé avec envie, désir et plaisir... Est-ce par ce que j'ai été élevé par un père passionné par son métier ?
Qui n'envisage absolument pas de prendre sa retraite qu'il a largement l'âge de prendre...
Est-ce parce que j'ai toujours entendu regretté mon grand-père d'être à la retraite contraint et forcé... alors qu'il désirait continuer par amour de son travail ?

Est-ce génétique, mon père, celui que j'ai retrouvé il y a quelques mois, bosse comme un "fou"... dans le rythme évidemment, il adore travailler bien qu'il pourrait se contenter de rester à la maison en heureux retraité...
Non chez moi les gens travaillent tard et passionnément... alors sans doute ayant grandi dans cette atmosphère, le travail c'est la santé, le travail c'est bien... le travail etc... J'ai aimé et désiré bosser dès que j'ai pu... j'étais fière de mes premières missions alors que j'étais encore étudiante,

J'ai été très heureuse de mon premier poste, motivée comme jamais... je changeais au bout d'un an, j'avais envie de tout faire et tout voir dans le domaine de la communication notamment,
J'ai toujours travaillé, le plus souvent dans la bonne humeur, aller au travail ne m'a jamais paru contraignant...

Et puis j'ai eu des responsabilités, et encore d'autres, au point de bosser sans compter et sans doute beaucoup trop que ce que je gagnais... mais j'étais passionnée par mon job, je m'éclatais...
Je n'étais jamais absente... enfin voilà c'était un temps jadis...

C'était avant 2008, quand j'avais encore des illusions dans pas mal de domaine... je n'avais pas encore connu ni harcèlement, ni "mise au placard"... aujourd'hui je sais que c'est possible... donc j'ai pris beaucoup de recul face au travail... J'aime foncièrement bosser mais il est clair que je ne bosserai sans compter qu'à mon compte !

Pourquoi ? Comment ?
Parce que la vie est passée par là, que j'ai vieilli aussi sans doute avec une bonne dose de maturité et que je sais ce que je veux, ce qui compte dans ma vie !
Depuis janvier que j'ai démarré mon nouveau job, je n'ai jamais été absente si ce n'est pour les vacances... j'ai la chance d'avoir une maman au top qui a assuré quand les enfants ont été malades...

Je vais désormais travailler avec le sourire, j'aime les missions qui me sont confiées, je m'adapte aux situations, aux gens... j'ai de la chance de bosser à une période où d'autres n'ont rien...

Alors pas question de me plaindre... ça suffit pour moi à être motivée !
Mais je pense qu'on a beaucoup à faire en France dans ce domaine, enfin je ne peux rien y faire à mon échelle, je me contente d'expliquer à mes enfants que faire un boulot qui plaît c'est important et pourquoi, forcément...
On y passe quand même beaucoup de temps, autant que ça soit agréable !

12- Quadra décomplexée

Avant c'était avant... l'année précédent mes 40 ans, je me suis demandée ce que j'allais bien pouvoir vivre cette nouvelle décennie,
Faut dire que les 10 années qui allaient se terminer avaient été particulièrement intenses, maman x 3, mariage, job a responsabilités, 3 déménagements, l'achat de notre maison... je te passe le reste !

Et je viens de fêter mes 41 ans, un nouveau job et mon statut d'auto entrepreneuse avec mes missions de conseil en communication digitale et relation publique, voilà qui commence plutôt bien...

Je me doutais bien que je n'étais pas encore à l'âge de regarder le temps filer pourtant c'est différent, très différent en soi...
J'ai l'impression de ne plus avoir à prouver quoi que ce soit, j'entreprends, je suis sûre de moi, j'ai davantage de recul, une confiance qui me tient assurément debout et je savoure passionnément l'instant... même si je le vis toujours très vite, je n'ai plus de stress face à ce que je réalise, plus de pression néfaste, je fais, j'aime, j'avance...

Parce que si je ne sais pas encore de quoi demain sera fait, je sais en tous les cas ce que je ne ferai plus... comme si 40 ans m'avait définitivement donné le "LA" juste... ce n'est plus seulement des paroles, il y a la musique qui accompagne ma vie !

Désormais je ne m'emporte plus quand on n'est pas d'accord avec moi, je n'ai plus l'ardente conviction de détenir la vérité, il y en a tellement...
Mais j'aime toujours autant partager mon expérience seulement aujourd'hui quand j'aime la personne et qu'elle a envie d'en savoir plus !

Je sais me taire à propos, je sais aussi dire NON mais quand j'accepte, je m'engage complètement...

Je ne fais plus de faux semblant, quand j'aime c'est clair comme de l'eau de roche, quand je n'aime pas je ne le dissimule pas vraiment... les efforts, les tolérances à outrance, c'était hier !

Aujourd'hui je n'ai plus honte quand je n'aime pas de le dire, comme cette viande servie froide par exemple... et quand c'est bon, je le dis aussi !
Après tout, il n'y a presque plus de honte à avoir, j'assume ma vie, mes idées, mes valeurs, mon éducation, mes ambitions, mes faiblesses, mes envies, mes choix...

Et je savoure....
La vie, le bonheur, j'apprécie chaque jour d'être en vie et en forme et j'avance sans me poser d'entrave... la vie se charge du reste...
Quadra c'est conjuguer, aimer, profiter, savourer et toujours avancer !

Octobre 13

1-10 choses qui ont changé depuis que je bosse

Un peu plus de 10 mois que je pointe tous les jours, que j'ai repris le chemin du travail... que j'ai dit adieu à mon <u>congé parental</u> et à la vie douillette que je m'étais organisée à la casa,
Et des changements il y en a :

— Je me suis faite des collègues de boulot (deux surtout, et c'est chouette de blaguer avec elles)

— J'ai repris le rythme des réunions, me concentrer et lâcher mon IPhone (difficile), ah oui je tiens aussi un agenda professionnel, j'écris dans un cahier, j'ai quelques dossiers !

— Je ne bois plus le café chez moi, c'est désormais un rituel la <u>machine à café</u> avec ma chef, 2 cafés / matinée et 1 en début d'après-midi !

— Etre assise derrière un écran plus de 15 minutes d'affilées, forcément à la maison c'était pas possible, au bureau ce temps est même plus long, mais c'est pas terrible pour la santé, alors je fais des pauses pour bouger un peu !

— Le soir je prépare mes tenues en pensant boulot, ouverture au public ou pas, même si je ne suis pas en service public, je passe dans le service quelques fois !

— Le soir je suis parfois épuisée, d'être restée assise ben oui !

– Je roule en Dax

– Je passe pour un extraterrestre : profil de poste + iPhone + Serial blogueuse + Dax (à mon âge, c'est pas sérieux tout ça)

- De 17h à 21h ne me parlez plus d'écran, j'en ai ma claque
– Je rêve de vacances (non ça n'a pas vraiment changé ça... sauf que désormais il faut que je compte les jours, demande l'autorisation etc...)

Voilà, j'ai désormais une vie classique d'une maman qui travaille... quoique classique me va pas, ça fait trop dame, je trouve !

2-10 plaisirs quotidiens du blogueurs

Bloguer, cette passion, ce plaisir...
Parce qu'autant que ce soit clair, si ce n'était pas un plaisir je ne le ferai plus...

Parce que oui j'ai au moins 10 petits plaisirs par jour grâce à mes blogs (ici même, Figue & Sardine, Fais belle la casa, Fais toi la belle... ah bon tu ne les connais pas encore ?)

- Ouvrir mon Mac Book et filer sur Hellocoton
- Regarder ses stats
- Lire les commentaires et y répondre
- Lire ces blogs qui me passionnent
- Faire un tour sur les réseaux sociaux et véhiculer son billet du jour
- Recevoir des propositions et y répondre,
- Ecrire un billet, parfois deux !
- Trouver dans ma bal de jolis trésors
- Penser à de nouveaux billets
- Etre dans la sélection du jour d'hellocoton

Tu constates que je parle beaucoup de blogs en ce moment et de tout ce qui tourne autour, j'adore ça... j'aime le phénomène... j'aime qu'on puisse lire et écrire librement (enfin presque)...

3- je souris, je ride et bien tant pis

Je ne passe pas une journée sans rire, c'est impensable, impossible...
Mais ne me jetez pas la pierre, je ne me force absolument pas, je suis née ainsi, c'est naturel chez moi, je souris facilement... pas pour me donner un genre ou parce que je préfère les gens qui sourient à ceux qui font la gueule,

Non tout simplement parce que ça fait partie de moi,
Alors forcément en vieillissant j'ai des rides de sourire...
Ben oui quoi... les habitudes du visage, les rictus que l'on adopte dès le plus jeune âge marquent le visage en vieillissant...
Les gens qui froncent les sourcils, ceux qui positionnent leur bouche d'une manière etc... et ceux qui rient forcément... Je fais partie du bateau, je ris, donc je ride !

Et bien tant pis... je ne vais pas non plus m'empêcher de vivre pour ne pas rider,
Ou figer mon visage pour ne pas me démaquiller et rester belle, belle belle comme...
Non, ok j'ai 41 ans, les expressions de mon visages se voient bien davantage qu'il y a quelques années... tant pis... je me tartine de crème et puis voilà !
Un sourire change tout sur un visage quand même...l'expression des yeux par exemple...

D'ailleurs mercredi dernier, je suis allée faire les photos pour ma nouvelle carte d'identité... "merci de ne pas montrer tes dents" m'a dit ma buraliste...
Et a ajouté... "enfin de toute manière, toi tu souris avec les yeux..."
C'est bête mais ça m'a fait plaisir... je me suis dit que si je fais "joyeuse" c'est que mes rides pour l'instant n'attristent pas mon visage... donc je continue à rire et sourire tous les jours et voilà...

4- La dyslexie n'est pas la plus forte

Oui j'en <u>ai déjà parlé ici</u>... quand je vivais ces années terribles... tout a commencé réellement en CP, quand Jules est entré en primaire, quand il croyait qu'il allait apprendre à lire pour raconter ses propres histoires...et l'enfer a duré 4 ans... de combat face à la dyslexie, oh bien sûr il y a des combat plus difficile... mais je t'assure qu'il lui en a fallu de la volonté à ce bonhomme pour revenir au niveau de ses camarades... pour ne plus confondre les sons, les lettres, pour lire un texte tout simple...

4 ans d'acharnement, d'exercices en tout genre, d'encadrement, d'orthophoniste, de podologue, d'orthoptique, de suivi de spécialistes... 4 ans de rendez-vous plusieurs fois par semaine... en plus du reste...
4 ans qui ont forgé son caractère sans aucun doute, 4 ans qui lui ont donné l'envie d'y arriver, l'envie de se battre... l'envie d'être comme les autres pour lire, écrire, faire des exercices au même rythme que tous les autres...

4 ans où parfois j'ai eu l'impression de ramer à ses côtés face à certaines enseignants, où parfois je suis sortie de réunion de classe ou de rendez-vous particuliers en pleurant... 4 ans où j'ai donné beaucoup beaucoup d'énergie pour l'aider...
Mais c'est à lui qu'il doit sa victoire !

La 5ème année en CM2, sa maîtresse fut exceptionnelle, un des plus beau souvenir de sa difficile scolarité en primaire... Jules en 1 année scolaire a rattrapé ses difficultés, il n'a rien lâché...il a même parfois terminé ses évaluations avant les autres et parfois même a obtenu les meilleurs résultats... je croyais voir le bout du tunnel mais j'étais tellement fébrile face à l'entrée au collège !

Et puis il y a eu la 6ème dans cet immense collège... tous ces profs (forcément), cet emploi du temps à gérer, ses nouveaux cours etc...
Jules n'a jamais oscille, n'a fait aucun faux pas de l'année, il n'a perdu le cap à aucun moment...

Quand sa prof de français, prof principale est "presque" entrée en conflit avec moi parce que Jules ne voulait pas qu'on lui aménage son temps de travail en fonction de sa dyslexie... qu'après avoir consulté son médecin et spécialiste pour avoir des avis... j'ai demandé à sa prof qu'on traite Jules comme les autres...qu'on lui offre cette chance...

Quand on lui a dit, non vous n'aurez pas de soutien cette année, alors qu'il en avait eu durant toutes les classes de primaire...
Quand il a terminé son année scolaire avec 14.5 de moyenne générale... parce qu'il se bat, qu'il est motivé comme jamais...
Faut-il vous préciser qu'il est totalement autonome dans la gestion de ses affaires et de ses devoirs !

Et Jules vient de rentrer en 5ème... un peu plus d'un mois... pas de soutien non plus, la décision vient de tomber... Jules a décidé tout seul de prendre latin...
Déjà trois 20/20 et un 18/20...il est toujours aussi déterminé... il voudrait même obtenir une moyenne générale à 15 !
Certes c'est mon fils, mais si vous saviez à quel point je suis fière de lui... parce qu'il a tellement galéré...

J'ai voulu écrire ce billet pour lui, mais aussi pour ceux qui connaissent la dyslexie... pour donner espoir...

5- Front national, hamburger, chômage, c'est ça la France ?

J'en ai un peu marre de cette image pourrie qu'on traîne de plus en plus... Même si je ne me sens pas concernée personnellement merde c'est quand même mon pays la France...

Et moi qui suis fière d'en vanter les atouts lors de mes déplacements, mes voyages... moi qui suis toujours en extase sur les paysages extraordinaires qui font la France, moi qui aime toujours la découvrir, la vivre, la goûter... les saveurs locales, les traditions...ces personnalités qui font sa richesse !
Moi qui aime la France, qui est jamais envisagée de la quitter, ni même de la tromper...

Je ne passe pas un jour en ce moment sans entendre des remarques, sans lire des plaintes, sans constater le "bordel", l'esprit, cette mentalité de m... qui colle à notre peau...
Bien sûr qu'on a une réputation et franchement toutes les personnes qui voyagent savent qu'elle n'est pas toujours terrible cette réputation à l'étranger... tu me diras tu t'en fous ?

Oui bien sûr... ça n'améliore pas ton quotidien cette réputation...certes râler non plus, insulter les gens non plus, enfin je ne crois pas...
Je ne suis vraiment pas certaine non plus que voter front national apporte une solution à nos problèmes... sincèrement ça me fait peur grave !

Le chômage est un magnifique fléau, et je sais de quoi je parle...
Je n'ai pas de solution même si j'ai des idées, même si j'ai des opinions mais que je choisirai pour une fois de taire...
Pourquoi le hamburger ? Parce que je n'en ai jamais autant entendu parler... c'est la grande tendance de "bouffer" du junk food... après on nous déverse des flots de

consignes pour manger des fruits et des légumes, pour se bouger davantage etc... Il faut croire que ça arrange certains de nous faire manger certains produits d'un côté et nous seriner de l'autre !

On avance et on recule... en tous les cas on coule !
Pourvu qu'on assiste à un sursaut national... tu sais le truc magique qui donne envie à la France de se lever ensemble, main dans la main... peu importe les couleurs de notre peau... qu'on avance... qu'on y croit... bref mais qu'on nous souffle aussi un peu de dynamisme...d'envie d'avoir envie !
Parce que cette image pourrie qui colle à la France me fait vomir !

Novembre 13

1- Etre digital woman et conserver l'usage de la parole

Quand dans une famille les parents ont un smartphone, les enfants digital native, quand maman est blogueuse 24h/24h, social media manager 7h par jour, quand les parents lisent les news sur le web, s'envoient des sms tout au long de la journée, gèrent leurs rdv sur un agenda électronique...quand les enfants font leurs recherches scolaires sur Google, connaissent l'usage des applis mieux que les parents...

Quand le digital prend de plus en plus de place dans la famille et dans tous les domaines d'ailleurs... On fait comment pour continuer à conserver l'usage de la parole ?

Parce que j'ai bien remarqué que je téléphone moins, que j'écris moins, que partir en réunion avec un cahier me perturbe un peu, je fais quoi avec ce bidule...

Que j'aurai tendance à prendre des notes sur mon smartphone,
Qu'évidemment rien ne vaut un sms pour conserver le contact avec les amis...

Mes conseils pour conserver l'usage de la parole :

— Ne pas s'isoler dans son monde virtuel, partager ses expérience, ses trouvailles, ses expériences,

— Imposer des règles (à soi-même) pas de smartphone à table (à part pour les photos) comme jadis (et toujours d'actualité) pas de télévision à table (ni dans la chambre d'ailleurs)

– Ne pas allumer l'ordinateur avant que les enfants ne soient couchés le soir

- Pas de smartphone dans le lit lorsqu'on est à deux (même règle que pour la télévision)

– Garder le contact par sms c'est cool et rapide avec ses amis mais s'imposer des appels téléphoniques régulièrement

– Ne pas écrire de sms alors qu'on est dans la même pièce

– Quand on parle aux autres on les regarde dans les yeux (c'est bête mais continuer à textoter c'est pas terrible pour l'autre)

– Quand on est avec quelqu'un on est avec lui pleinement et heureuse de le voir... c'est bon de discuter !

Essaye tu vas voir !

– Faire des coupures régulières, au travail ou à la maison, se dégourdir les jambes et la langue !

Bref tu l'as compris je n'ai pas encore perdu l'usage de la parole mais je suis vigilante !
Signé : une bavarde digitale

2- Si un jour on m'avait dit

Je t'ai aperçu de loin, le bleu de l'infini,
Puis je me suis approchée et à chaque fois c'est pareil je suis absorbée, ce bleu qui te donne une puissance merveilleuse, cette promenade qui fait de toi une si belle dame, si bien tenue, si élégante...

Cette cascade de belles façades, ces vues que j'imagine renversantes,
Tous ceux qui te foulent, qui goutent ton dynamisme, l'impulsion que tu communiques pour courir, rouler en roller, en vélo, seul, à deux, en famille...

Je sens ce souffle qui te baigne, cette dolce vita qui t'habite, cette douceur de vivre dont je suis éperdument amoureuse,
Loin de l'image que certaines ont de toi,
Loin d'imaginer que tu n'accueilles qu'une population vieillissante...
Jeunes, artistes, familles, amoureux, italiens, russes, anglais, extravagants, mamies, papas, mamans, papy, mes filles et mon fils...
Chacun se délecte dans tes ruelles,
Sensible à la beauté qui s'est abattue sur toi, sensible au charme partout présent,

Je passe souvent du vieux au nouveau comme par enchantement, tu me souffles ce désir de vivre chez toi, tu m'invites et me séduits chaque fois un peu davantage...
C'est de plus en plus difficile de te quitter,
Je crois que je suis amoureuse,
Loin de toi je cherche tes couleurs, je sens tes odeurs, je pense à tes saveurs... je te cherche partout...
Nice I Love You !

3- Je ne suis pas normale

Je ne suis pas normale et je ne suis pas parfaite...
Et d'ailleurs ça me fait plaisir,
Là vous allez penser que j'ai perdu la tête en plus...
Mais non pas du tout !

Mais j'aime l'idée de ne pas être "normale", je trouve qu'il n'y a rien de plus banal que la normalité... et toute ma vie j'ai rêvé de ne pas en faire partie,

Je déteste les cases... les lignes horizontales, les angles droit, les 1+1=2, les trucs trop lisses, les mecs trop proprets, les politiquement corrects, ceux qui ne dérangent jamais, qui n'ont pas d'avis, qui n'ont pas d'objectif, pas d'envie, pas de désir, ceux qui pratiquent la langue de bois, qui ne se regardent pas dans la glace le matin !

Je n'aime pas ceux qui ne savent pas où s'assoir, qui ne prennent pas de décision, qui n'osent jamais, qui ont peur de déranger, de froisser, qui ne disent pas ce qu'ils pensent, qui se voilent la face et se mentent à eux même,
Cette normalité-là m'ennuie profondément,
Et toute la vie j'ai rêvé de faire des choses qui bousculent les cadres, surtout ne pas être comme la société l'a dicté...
Et quand elle m'a dit "*tes enfants ne doivent pas s'ennuyer avec toi, tout ce que tu fais sors du commun"*, frôler ou conjuguer l'extraordinaire... j'étais profondément heureuse....

C'est le plus joli compliment qu'on m'ait fait...
Même si tout cela a un prix, souvent celui de la fatigue, souvent celui d'une méga organisation... je suis heureuse de la vie que je mène...

Je m'ennuierai profondément autrement !

Je n'aime pas les hommes qui n'ont pas les épaules solides, je n'aime pas les femmes qui ne savent pas ce qu'elles veulent...enfin je devrai dire plutôt que je n'admire pas... et dans la vie j'aime admirer... j'en ai besoin pour vivre et pour avancer...
J'aime les personnalités qui sortent des cadres, ceux qui assument leurs différences...
Je ne pointe jamais du doigt celui qui a choisi (quand c'est un choix délibéré bien sûr) de vivre une vie hors des sentiers battus, de vivre des expériences insolites, celui qui pensent et bousculent, celui qui n'aiment pas la routine...

Du moment qu'on ne fait de mal à personne...
Celui qui ne vit pas normalement (et qui l'assume surtout)...

Table of Contents

1- Profiter de son congé parental pour se reconvertir...6
2- Pas de résolution, de nombreux projets...8
3- Fille unique VS frère & sœur, ça change quoi...10
4- Pourquoi je partage un billet...12
5- Le regard des autres a changé..14
6- Le guide de la paix digitale..16
7- Sur ce chemin qu'est la vie..18
1- Soigne ton personal branding..20
2- Le profil lol de la blogueuse..22
3- Liberté si chère..24
4- La recette du blog réussie, la mienne..25
5- Parler à mon père...27
6- Fait ce qu'il te plait..29
7- Tout dire à ses enfants et comment le dire..31
8- On vivait comment avant les réseaux sociaux ?..33
1- Ne pas céder à la facilité..35
2- C'est si facile de leur dire oui..37
3- 2 mois que je travaille ça change quoi..39
4- La mort des blogs, t'es fou..41
5- Est-ce bien raisonnable ?...43
6- Qui influence qui ?..45
7- 5 ans déjà, la route est belle..47
8- Où chercher l'inspiration ?..49
9- Pourquoi je ne serai jamais une blogueuse blasée ?...51
1- Non je ne regrette rien...53
2- Je suis maman de trois enfants et je travaille...55

3- Rester humain face au 2.0..56
4- Les blogs VS la vraie vie..58
5- Et la tendresse bordel..60
6- 40 ans c'est la vie..62
7- Quel est le secret des couples qui durent (et qui s'aiment) ?........................64
8- Dois-je rire ou pleurer ?..66
1- Quel adulte tu deviendras mon enfant ?..68
2- Si mes parents n'avaient pas divorcé..70
3- 10 excuses pour passer du temps sur mon blog..72
4- Comme si je pouvais encore te surprendre...74
5- Où il y a des contraintes, il n'y a pas de plaisir..77
6- Rester jeune c'est dans la tête...79
7- Mes bonnes adresses hôtels/hébergements...81
8- Le verre à moitié plein...83
1- Ma vie de blogueuse en Provence...86
2- Ce que je sais à 41 ans...88
3- Est ce que les enfants parfaits existent...90
4- Les 50 comptes twitter à suivre, ma sélection..92
5- Complicité mère-fille...96
6- j'ai survécu à une soirée sans smartphone...99
7- C'est pour ça que j'écris..101
8- Tu sais que tu es du sud quand..103
9- C'est évident mais pas pour tout le monde...105
1- Faire une valise les doigts dans le nez..107
2- La liste de mes envies..109
3- L'école est finie mais maman travaille...111
4- Ma philosophie c'est un peu ça...113

5- Je suis une maman animale..115

6- Pourquoi faut-il à tout prix être heureux ?...117

7- Digital mother tellement moi..119

8- Tous connecté? Pas vraiment..121

9- Quelques conseils pour survivre avec 35°...123

1- Il est venu le temps des vacances...125

2- Si on se rencontrait à nouveau...127

3- Transformer l'amour de vacances en amour tout court...128

4- Voyager avec des kids / des idées et de la patience...130

1- Je suis utopique certes..132

2- Vis ma vie et organise-toi..134

3- Il était une fois, Rosa...137

4- Je ne me reconnais plus en rat des villes...139

5- La mode c'est une affaire de goût..140

6- Jules, Rosalie, Violette...142

7- La confiance en soi...144

8- Je ne suis pas parfaite...146

9- C'était mieux avant...148

10- Attendre, ce truc insupportable..150

11- Comment on fait pour aimer son boulot ?...152

12- Quadra décomplexée..154

1-10 choses qui ont changé depuis que je bosse..156

2-10 plaisirs quotidiens du blogueurs..158

3- je souris, je ride et bien tant pis...159

4- La dyslexie n'est pas la plus forte..160

5- Front national, hamburger, chômage, c'est ça la France ?....................................162

1- Etre digital woman et conserver l'usage de la parole..164

2- Si un jour on m'avait dit..166
3- Je ne suis pas normale..167

Oui, je veux morebooks!

i want morebooks!

Buy your books fast and straightforward online - at one of world's fastest growing online book stores! Environmentally sound due to Print-on-Demand technologies.

Buy your books online at

www.get-morebooks.com

Achetez vos livres en ligne, vite et bien, sur l'une des librairies en ligne les plus performantes au monde!
En protégeant nos ressources et notre environnement grâce à l'impression à la demande.

La librairie en ligne pour acheter plus vite

www.morebooks.fr

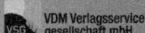 VDM Verlagsservicegesellschaft mbH
VDM Verlagsservice-   Heinrich-Böcking-Str. 6-8   Telefon: +49 681 3720 174   info@vdm-vsg.de
gesellschaft mbH   D - 66121 Saarbrücken   Telefax: +49 681 3720 1749   www.vdm-vsg.de

www.ingramcontent.com/pod-product-compliance
Lightning Source LLC
Chambersburg PA
CBHW022014300426
44117CB00005B/178